실무에 바로 써

일잘러의

마이크로카피

작성법

실무에 바로 쓰는
일잘러의 마이크로카피 작성법

1쇄 발행 2023년 10월 15일

지은이 야마모토 다쿠마
옮긴이 김모세
펴낸이 장성두
펴낸곳 주식회사 제이펍

출판신고 2009년 11월 10일 제406-2009-000087호
주소 경기도 파주시 회동길 159 3층 / **전화** 070-8201-9010 / **팩스** 02-6280-0405
홈페이지 www.jpub.kr / **투고** submit@jpub.kr / **독자문의** help@jpub.kr / **교재문의** textbook@jpub.kr

소통기획부 김정준, 송찬수, 박재인, 배인혜, 나준섭, 이상복, 김은미, 송영화, 권유라
소통지원부 민지환, 이승환, 김정미, 서세원 / **디자인부** 이민숙, 최병찬

진행 송찬수 / **교정·교열** 나준섭 / **내지 및 표지디자인** 다람쥐생활
용지 타라유통 / **인쇄** 해외정판사 / **제본** 일진제책사

ISBN 979-11-92987-56-9 (13000)
값 22,000원

※ 이 책은 저작권법에 따라 보호를 받는 저작물이므로 무단 전재와 무단 복제를 금지하며,
    이 책 내용의 전부 또는 일부를 이용하려면 반드시 저작권자와 제이펍의 서면 동의를 받아야 합니다.
※ 잘못된 책은 구입하신 서점에서 바꾸어 드립니다.

제이펍은 여러분의 아이디어와 원고를 기다리고 있습니다. 책으로 펴내고자 하는 아이디어나 원고가 있는 분께서는
책의 간단한 개요와 차례, 구성과 지은이/옮긴이 약력 등을 메일(submit@jpub.kr)로 보내 주세요.

실무에 바로 쓰는

일잘러의

마이크로카피

야마모토 다쿠마 지음
김모세 옮김

작성법

사용자 경험을 개선하여 클릭을 유도하는
짧지만 강력한 UX 글쓰기

Jpub
제이펍

〈 차례

$Q \equiv$

6장 | 지원 의지를 담은 고객 지원 페이지의 마이크로카피 • 153

7장 | 원만한 작성을 돕는 플레이스홀더의 마이크로카피 • 167

8장 | 고객의 마음을 파고드는 에러 메시지 마이크로카피 • 187

마이크로카피의 세계에 오신 것을 환영합니다!

이 책의 초판은 2017년에 발매되었습니다. 당시, 일본에서 마이크로카피 Microcopy를 이해하고 활용하는 사람은 많지 않았습니다. 특히, 사용자 경험User Experience, UX 영역에서나 사용되던 마이크로카피를 매출 향상을 위해 사용하는 아이디어는 당시로서는 매우 혁신적이라 할 수 있었습니다.

하지만 초판이 출간된 이후 몇 해가 지났고 시장의 상황 또한 크게 변했습니다. 이제는 블로거부터 대기업 마케팅팀에 이르기까지 수많은 사람이 마이크로카피를 비즈니스에 활용하고 있습니다. 그 결과는 매우 놀라웠습니다. 이 책《실무에 바로 쓰는 일잘러의 마이크로카피 작성법》의 내용을 실천한 독자들이 일일이 셀 수 없을 정도의 성공 사례를 이야기해 주고 있습니다.

이 책에는 지금까지 출간된 카피라이팅 책에서 다루지 않았던 매우 중요한 노하우를 담았습니다. 여러분이 '글쓰기'를 업으로 삼고, 성과를 내야 한다면 이 책은 혼자 보고 싶을 만큼 강력한 비밀병기가 될 것입니다. 이 책을 정독하고 실행에 옮긴다면 극적인 상승은 아니더라도 1.2~1.5배 정도는 충분히 성과를 향상시킬 수 있을 거라고 생각합니다. 다만, 개선 속도 및 비용 대비 효과 측면에서 차이가 있을 수 있습니다.

단, 일반적인 '카피라이팅'을 배우고 있는 분이 이 책을 읽는다면 기분이 나빠질 수도 있습니다. 몇 시간을 고민해서 작성한 장황한 카피가 마치 무용지물인 것처럼 느껴질 수도 있기 때문입니다.

변화가 빠른 디지털 마케팅 세계에서는 여러분이 배운 카피라이팅 이론이 반드시 유효하다고 말할 수 없습니다. 마이크로카피를 활용해서 매출을 빠르게 향상시킬 수 있으므로, 처음부터 무리하게 헤드라인Headline이나 보디 카피Body Copy를 수정하는 것은 추천하지 않습니다.

카피라이팅은 분명 비즈니스를 성장시키는 데 필요한 중요한 스킬입니다. 하지만, 우리 모두가 글쓰기 능력이 우수한 것은 아닙니다. 무엇보다 글쓰기 능력의 향상을 위해서는 회사를 경영하거나 여러분 각자의 일을 하면서 별도의 시간을 투자해야 하는데, 사실상 한계가 있습니다.

이런 경영자 혹은 여러 직장인들의 상황을 잘 알고 있기 때문에 '글쓰기를 생업으로 하지 않는 사람들이 이 책을 읽은 즉시 매출을 올릴 수 있는 방법은 없을까?'에 대해 고민했고, 그 답을 이 책《실무에 바로 쓰는 일잘러의 마이크로카피 작성법》에 담았습니다.

'단 두 글자만으로 매출이 1.5배가 된다고? 정말일까?'

그렇습니다. 여러분이 온라인에서 비즈니스를 한다면 웹사이트 카피에 몇 글자를 더하거나 변경하는 것만으로 목표한 연간 성장률을 달성할 수 있습니다. 어떻게 이런 것이 가능하냐구요? 그 비밀을 이 책에서 확실하게 풀어내려고 합니다.

마이크로카피는 버튼의 문구나 입력 폼 주변, 에러 메시지, 사진의 캡션 등 이제까지는 카피라이팅 관련 책이나 전문가들이 다루지 않던 매우 세부적인 위치의 카피를 가리킵니다.

카피라이팅의 세계에서는 한동안 '긴 카피가 상품을 판매한다.'고 알려졌습니다. 판매할 상품이나 서비스를 전혀 모르는 고객에게 처음부터 설명을 해야 하기 때문에 충분한 길이의 카피가 필요했던 것이지요. 합리적인 이야기입니다.

하지만, 스마트폰과 같은 작은 디바이스가 주류가 된 지금, 장문의 카피는 작은 구멍을 통해 펼쳐진 신문을 읽는 것과 같습니다. 그러므로 현재의 웹에서 사용할 카피는 무엇보다도 간결함이 요구됩니다.

이러한 시대 변화를 무시하고 여전히 과거의 구구절절한 카피를 사용하는 웹사이트는 성과를 달성한다면 좋겠지만, 한 번 빗나가면 큰 타격을 받게 될지도 모릅니다. 고객 유치, 매출 향상은 기대하기 힘들고, 문의조차 오지 않게 될 것입니다. 기존의 카피를 고쳐 쓴다 해도, 마이크로카피를 고려하지 않는다면 시간과 비용만 낭비하게 될 것입니다.

그러니 이제는 마이크로카피를 활용해 봅시다. 어렵지 않게 현재의 위기를 극복할 수 있습니다. 아직 믿기지 않나요? 그럼 그 증거를 확인해 봅시다. 다음은 필자가 세미나에서 사용한 참가자 모집 페이지의 신청 버튼입니다.

참가자 모집 페이지의 신청 버튼

참가 신청하기

처음 며칠은 '참가 신청하기'라는 버튼만을 사용했는데, 신청률이 그리 높지 않았습니다. 그리고 며칠 후 참가 신청 버튼 아래에 다음과 같이 '30일 동안 환불을 보증합니다'라는 마이크로카피를 추가했습니다.

마이크로카피를 추가한 참가자 모집 페이지의 신청 버튼

참가 신청하기

30일 동안 환불을 보증합니다.

마이크로카피 사용 전후의 참가 신청률 변화

패턴		웹 테스트 세션	컨버전 수	컨버전 비율 ↓	개선 전과 비교
☑ ● 개선 전		220	6	**2.73%**	0%
☑ ● 개선 후		177	11	**6.21%**	⬆ 127.87%

'환불 보증' 문구 추가만으로 참가율 상승 효과!

위 결과에서 볼 수 있듯이 마이크로카피를 한 줄 추가한 것만으로 참가 신청률이 127.87%나 향상되었으며, 결국 100석이 매진되었습니다.

버튼 아래 한 줄을 추가하는 작업은 디자인 담당자에게 부탁하면 몇 분도 채 걸리지 않는 무척 간단한 작업입니다. 하지만 이 방법을 알고 있는가, 직접 실행으로 옮겼는가에 따라 눈에 보이는 성과를 달성할 수 있었습니다.

만약 마이크로카피를 모른 채 신청 페이지의 모든 보디 카피를 다시 작성하거나, 신청 페이지 자체를 처음부터 다시 디자인했다면 시간이나 노력 등의 손해가 얼마나 컸을까요? 생각만으로도 등에 식은땀이 흐릅니다.

이후 본격적으로 여러분에게 소개할 내용은 실현 불가능한 뜬구름 잡는 소리가 아닙니다. 필자가 오랜 시간 직접 광고비를 투입해 가면서 검증한 방법입니다.

여러분의 글쓰기 능력이 다소 서툴더라도 걱정할 필요는 없습니다. 마이크로카피를 사용할 때 핵심은 글쓰기 능력이 아니라 '고객에 대한 이해'입니다.

좀 더 구체적으로 말하면 버튼을 누르는 순간에 고객이 어떤 생각을 하는지, 무엇을 느끼는지, PC나 스마트폰 화면 너머에 있는 고객의 미묘한 마음을 파악하는 능력이 필요합니다.

마이크로카피는 결코 어려운 방법이 아닙니다. 이제까지는 체계적으로 학습할 수 있는 것이 없었지만, 일본에서는 필자의 강의나 컨설팅을 접한 여러 기업에서 실천하고 있습니다. 아래 내용은 실제 마이크로카피를 활용하여 좋은 성과를 거둔 사용자들의 후기입니다.

[랜딩 페이지 개선으로 목표 달성률 53.5% 상승] 작은 변화가 큰 개선으로 이어진다는 것을 알았습니다. 주문 완료율이 상당히 낮았으나, 랜딩 페이지의 마이크로카피를 변경한 후 PC에서는 53.5%, 스마트폰에서 11.9% 주문량이 상승했습니다.

[장바구니 내 입력 폼 개선으로 목표 달성률 120% 상승] 장바구니 최적화로 성과가 120% 개선되었습니다. 꾸준하게 마이크로카피를 학습하면서 개선할 점을 20여 개 이상 발견했습니다.

[공식 사이트로의 유도율 1.2배 상승] 컨버전Conversion 버튼 옆에 마이크로카피를 추가한 후 공식 사이트로의 유도율이 13.28%에서 17.30%로 개선되었습니다!

[주력 상품 페이지에 대한 트래픽 수 1.7배로 향상] 링크 텍스트의 마이크로카피 문구를 변경한 즉시 주력 상품 페이지로의 접근 수가 250에서 425로 증가했습니다. 결과적으로 매출도 향상되었습니다.

[상품 구입률 10% 향상] 과거에 카피라이팅을 배웠지만, 시간도 오래 걸리고 개선 후의 성과도 뚜렷하게 보이지 않을 때가 많았습니다. 하지만 마이크로카피를 활용한

후 진행한 A/B 테스트에서 전환율이 10% 향상된 것을 확인할 수 있었습니다. 이로써 확실하게 성과를 낼 수 있는 웹사이트의 개선 방법을 알았습니다.

주문 버튼의 마이크로카피를 개선해 디지털 콘텐츠의 판매율을 19.7%까지 올리는 데 성공하거나 폼의 마이크로카피를 개선하여 월 매출을 13배 향상시킨 사례 등 마이크로카피의 성공 사례를 들자면 끝이 없습니다.

어떻습니까? 이 책을 읽은 후 여러분을 성공으로 이끌 아이디어가 눈앞에 아른거릴지도 모릅니다. 반면, 소위 카피라이팅의 '고전서'와 같은 중후함이 없음을 아쉬워하거나, 사소한 내용이라고 생각하는 분도 있을 것입니다.

하지만 매출 향상에 어려움을 겪고 있는 경영자나 빠르게 성과를 내야 하는 카피라이터 혹은 마케터라면 올해 가장 중요한 '한 권의 책'이 될 것이라고 자신 있게 말할 수 있습니다. 단, 직접 실천한 사람들만 알 수 있는 사실입니다.

이제 마이크로카피 활용은 디지털 분야와 관련된 모든 사람이 반드시 갖춰야 할 소양이 되었습니다.

마이크로카피를 매출 개선에 활용하고 싶을 때 이 책 이상으로 잘 정리된 책은 찾을 수 없을 것이라고 생각합니다. 만약, 여러분이 글쓰기에 거부 반응이 있는 사람이라고 하더라도 할 수 있습니다. 지금 바로 실천할 수 있는 마이크로카피가 매출 향상을 고민하는 여러분에게 돌파구가 되길 기대합니다.

여러분을 마이크로카피의 세계로 안내하겠습니다.

야마모토 다쿠마

1장

마이크로카피의
매력

디지털 마케팅 세계에서 최근 주목을 받고 있는 '마이크로카피'란 대체 무엇일까요? 어느 정도의 효과를 예상할 수 있을까요? 이번 장에서는 마이크로카피가 대체 무엇인지, 마이크로카피가 어떤 역할을 하는지와 같은 기본 정보부터 알아보고, 이어지는 2장에서 본격적으로 마이크로카피 활용 방법을 살펴봅니다.

대체 마이크로카피란
무엇일까?

■ 고객의 입력 실수를 줄이고 싶다!

2009년 제품 디자이너이자 사용자 경험User Experience, UX 분야의 권위자인
Joshua Porter는 자신의 블로그에 이런 말을 남겼습니다.

> 마이크로카피는 작으면서도 강력한 카피다.
>
> – Joshua Porter

당시 Joshua Porter는 사용성Usability 전문 컨설팅 기업 UIE의 프로젝트에서
결제 폼을 만들고 있었습니다. 그것은 신용 카드 정보, 이름, 주소 입력 필드
가 나열되어 있는 것으로 어디에나 있을 수 있는 간단한 결제 폼이었습니다.

Joshua Porter가 만든 결제 폼

신용 카드 정보 입력

카드 종류: [Visa ▼]

카드 번호: [_____]

카드 유효 기간: [01 ▼] [2011 ▼]

CVC 코드: [____] 이 코드는 어디에?

성: [_____]

이름: [_____]

주소: [_____]

주소2: [_____] (임의)

도시명: [_____]

주명: [앨라배마 ▼]

우편번호: [_____]

국가명: [미국 ▼]

※국가명이 목록에 없다면 이메일 events@uie.com
또는 800-588-95XX로 연락해 주십시오.

아직 등록이 완료되지 않았으며, 곧 완료됩니다.
마지막 단계에서 주문 내용을 확인해 주십시오.

[마지막 단계로 이동하기]

그러나 막상 폼을 완성한 후 웹사이트에 구현했더니 사용자의 약 5~10%가 결제 단계를 넘어가지 못했습니다. 그 원인의 대부분은 사용자의 청구지 주소 입력 문제였습니다. 단순한 문제라고 생각할 수 있지만, 이로 인해 트랜잭션 비용의 낭비가 발생하고, 고객 대응에도 시간을 빼앗기게 되었습니다. 손실액도 적지 않았습니다. 트랜잭션 비용이란 매출 처리, 실패 처리 등 신용 카드 회사와의 통신에 드는 과금입니다.

■ 단 한 줄의 카피가 고객의 행동에 영향을 미친다

Joshua Porter는 해결책을 고민했고, 청구지 주소의 기입란에 '반드시 신용 카드에 등록되어 있는 청구서 주소를 입력하십시오'라는 카피를 삽입하자 고민의 원인이었던 결제 문제가 순식간에 사라졌습니다.

Joshua Porter가 삽입한 마이크로카피

CVC 코드: [_____] 이 코드는 어디에?

[반드시 신용 카드에 등록되어 있는 청구서 주소를 입력하십시오.]

성: [_____]

문제 해결을 위한 조치는 입력 폼의 레이아웃이나 인터페이스를 변경하는 등 거창한 것이 아닌 단지 한 줄의 카피였을 뿐입니다. 단 한 줄의 카피 덕분에 발생한 문제를 처리하기 위해 투입되던 시간이 줄어들고, 웹사이트는 순조롭게 수익이 발생하기 시작했습니다.

Joshua Porter는 사용자 경험 관련 국제 컨퍼런스인 UXLx에서 이 사례를 직접 소개했습니다. '마이크로카피'라는 명칭으로 소개된 이 강력한 카피는 UI/UX 전문가들에게 중요한 깨달음을 주었습니다. 인터페이스의 적절한 위치에, 가장 적합한 메시지를 추가로 기입함으로써 사용자의 행동을 크게 바꿀 수 있음을 알았기 때문입니다. UI는 사용자 인터페이스를 의미하는 User Interface의 줄임말로 컴퓨터를 조작할 때의 화면 표시, 메뉴 용어 등의 표현이나 조작감을 의미하며, UX는 사용자 경험을 의미하는 User Experience의 줄임말로, 사용자가 제품, 서비스를 통해 얻을 수 있는 경험을 의미합니다.

■ 마이크로카피는 다양한 곳에 존재한다

마이크로카피의 정의는 다음과 같습니다.

> 버튼의 문구나 입력 폼의 라벨, 에러 메시지 등, 고객(사용자)의 의사 결정에 영향을 미
> 칠 수 있는 인터페이스상의 카피를 말한다. 마이크로카피는 읽는 사람의 불안을 완화
> 하거나, 동기를 높이거나, 조작 지시를 내리는 등으로 동작한다.

마이크로카피는 웹사이트의 여러 위치에 존재합니다. 버튼의 문구, 입력 폼의 라벨, 에러 메시지 등에서 어렵지 않게 발견할 수 있습니다.

마이크로카피를 발견할 수 있는 주요한 위치	
• 버튼(및 그 주변)	• 프로그레스바
• 가입 화면	• 애플리케이션 푸시 알림
• 로그인 & 비밀번호 복구 화면	• 대기 시간(로딩 화면)
• 입력 폼의 라벨	• 완료 페이지
• 플레이스홀더 텍스트	• 에러 메시지
• 메뉴, 내비게이션	• 404 페이지
• 문의 화면	

마이크로카피는 이름대로 작고 눈에 잘 띄지 않는 요소입니다. 그렇기 때문에 '이런 카피에 주목한다고 무슨 의미가 있겠어!'라고 생각하는 사람들도 있습니다만…, 사실 그런 이야기를 들으면 한숨만 나옵니다.

우리가 온라인에서 무언가를 클릭(터치)하거나 입력할 때는 화면에 표시된

용어들에 의지합니다. 아무래도 디자인 요소만으로는 원하는 대로 조작하는 것이 쉽지 않기 때문입니다.

거짓말이라 생각된다면 지금 임의의 웹사이트에 접속한 후 화면 속 모든 마이크로카피가 없다고 생각해 보세요. 다소 극단적인 예일지 모르겠지만, 마이크로카피란 바로 그런 것입니다.

마이크로카피가
주는 효과

■ 세계의 세일즈/마케팅 전문가들도 눈을 돌리기 시작했다

앞에서 이야기한 마이크로카피의 설명만 보면 '마이크로카피는 UI/UX 관련 이야기인가?'라고 생각하는 분들도 있을 것입니다. 절반은 맞고 절반은 틀립니다.

분명히 마이크로카피는 UI/UX 영역에서 주로 다루고 있습니다. 마이크로카피를 적절하게 설계하면 웹사이트나 애플리케이션을 이용하는 고객이 꾸준하게 사용하거나 재방문하도록 유도할 수도 있기 때문입니다.

하지만, 마이크로카피를 활용한 UI/UX의 개선은 매출 향상에도 직결됩니다. 마이크로카피가 직접 무언가를 판매하는 카피는 아니지만, 사용자가 원활하게 행동할 수 있도록 보조하거나, '심리적인 장벽'을 제거하는 역할을 합니다. 즉, 마이크로카피는 사용자에게 특정 행동을 유도하여 결과적으로 매출을 향상시킬 수 있습니다.

실제로 세계 6,000여 개 회사가 도입하고 있는 A/B 테스트 도구 제조사인

VWO에서는 자신의 고객 중 30%가 CTA 버튼 등의 마이크로카피를 중심으로 다양한 테스트를 진행하고 있다는 것을 밝혔습니다. A/B 테스트는 2가지 콘텐츠를 비교하여 더 높은 관심을 보이는 콘텐츠를 확인하는 방법입니다. CTA는 Call To Action의 약어로, CTA 버튼은 회원 가입이나 다운로드 등 특정 행동을 유도하거나 클릭을 유도하는 버튼입니다.

VWO 클라이언트들의 테스트 내용 비율

30%	20%	10%	8%
CTA 버튼	헤드라인	레이아웃	보디 카피

한때는 카피라이팅의 세계에서 '헤드라인이 가장 중요하다!'고 말했습니다. 분명, 헤드라인으로 사용자의 주의를 끌지 못하면 아무것도 시작되지 않습니다. 그러나, '전환율'이라는 관점으로 보면 버튼의 문구 등 마이크로카피 쪽이 훨씬 영향이 크다고 할 수 있습니다. 대기업의 세일즈/마케팅팀은 이것을 잘 이해하고 있으며, 웹사이트에서 다양한 마이크로카피 패턴을 테스트하고 있습니다.

마이크로카피의 효과를 시험한 클라이언트들은 실제로 놀랄 만한 성과를 올렸습니다. 예를 들어 방문자에게 자료를 제공하는 회사에서는 마이크로카피의 개선에 따라 다운로드 건수가 무려 1.5배 증가하였습니다. 변경한 것은 버튼 내부에 쓰여진 카피에서 '무료'라는 단어의 위치를 앞쪽으로 옮겼을 뿐입니다.

위와 같은 A/B 테스트의 성공 사례는 인터넷에서도 찾아볼 수 있으며, 영어권에는 A/B 테스트 사례를 모아 놓은 웹사이트도 존재합니다. 예를 들어 '한 줄의 마이크로카피를 바꾼 것만으로 77%의 상승 효과를 보았다' 등의 사례는 쉽게 찾아볼 수 있습니다.

> 마이크로카피는 카피라이팅을 뛰어넘는 힘을 갖고 있습니다.
>
> – Kirsten Carson(콘텐츠 전략가)

즉, 마이크로카피를 최적화함으로써 잠재 고객을 실제 고객으로 전환할 수 있는 것입니다. 막대한 시간과 비용을 들일 필요도 없으며, 여러분이 카피라이터일 필요도 없습니다.

■ 비용을 들이지 않고 최단 시간에 성과를 낼 수 있다

지금까지 여러분은 고객 인게이지먼트Engagement를 높이기 위해 SEO, PPC 광고, 메일 매거진, 기간 한정 세일, 페이지 디자인 개선 등 다양한 방법을 학습하고 실행했을 것입니다. 물론 이런 것들도 중요합니다. 하지만 앞서 언급한 방법들은 성과가 나오는 데 나름의 시간과 비용이 필요합니다. 인게이지먼트는 고객의 행동에 기반해 평가되는 기업과 고객의 신뢰 관계나 친밀함을 나타내는 지표입니다.

이에 비해 마이크로카피는 큰 비용을 들이지 않고도, 빠르게 성과를 높일 수 있습니다. 사실, 필자가 마이크로카피의 힘에 눈을 뜬 것은 이커머스E-Commerce 업계에 몸을 담고 있는 것과 큰 관계가 있습니다.

인터넷이 발전하면서 성과에 가장 집착해 왔던 업계는 이커머스라고 해도 과언이 아닙니다. 월말에 매출이 부족해서 캠페인을 실행하고, 무료로 고객을 모으기 위해 SEO를 도입하고, 그럼에도 불구하고 비용 대비 효과가 나오지 않으면 즉시 실행을 멈춥니다. 인기 있는 사이트의 디자인을 모방하거나, 자사 사이트가 누군가에 의해 모방되는 것도 흔한 일입니다.

온라인 쇼핑 시 페이지 이동 예시

예를 들어 위 도식처럼 고객은 온라인 쇼핑 시 여러 페이지를 이동하므로 매출 향상을 위해 가장 먼저 메인 페이지부터 개선한 후에, 점차 세부 페이지를 개선해 나갈 겁니다. 이렇게 한 페이지씩 개선하다 보면 조금씩 매출이 향상될 것이고, 어느 순간 다음과 같은 사실을 깨닫게 됩니다.

메인 페이지를 수정하기 위한 2주 정도의 기간 동안 사이트의 운영을 멈춰야 했으며, 메인 페이지 개선 후 일정 부분 매출이 늘어납니다. 이후 세부 페이지로 갈수록 개선할 부분은 적어지면서 수정에 걸리는 시간도 짧아집니다.

하지만, 세부 페이지를 개선할수록 매출은 더욱 향상되었죠. 또한, 이제까지 자사의 사이트를 구석구석 모방하던 경쟁사는 세부 페이지로 갈수록 모방하지 못했습니다. 정확하게는 개선된 점을 눈치조차 채지 못합니다. 업계에서 모방을 하는 것은 매출 향상에 직접적으로 연결되는, 죽느냐 사느냐의 문제임에도 말입니다.

라쿠텐, Yahoo!, Amazon이 아닌 자체 도메인으로 운영하는 쇼핑몰에서 여전히 직접 개발한 장바구니 페이지가 많았던 시기에는 '만약 장바구니 페이지의 카피만으로도 매출이 향상되는 것은 아닐까?'라는 생각을 했습니다. 필자가 온라인 쇼핑을 할 때 안타까운 듯 혀를 찼던 순간이 장바구니 페이지였기 때문입니다. 실제로 많은 고객이 아쉬운 점이 한 군데만 있어도 결제를 포기하고 이탈했습니다.

당시에 이런 현상을 두고 '혀를 차는 법칙'이라 이름 붙였으며, 이후 해외에는 이 법칙을 뒷받침하는 데이터가 있음을 알았습니다. Baymard Institute의 통계 데이터에 따르면 이커머스에서는 평균 69.80%의 고객이 다음과 같은 이유로 장바구니에 상품을 담은 채 구입을 방치하고 있었습니다.

장바구니 목록을 방치하는 이유

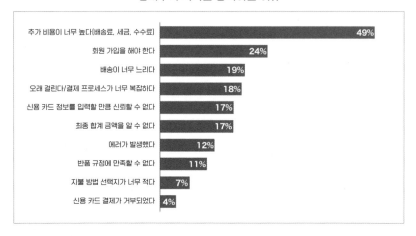

추가 비용이 너무 높다(배송료, 세금, 수수료)	49%
회원 가입을 해야 한다	24%
배송이 너무 느리다	19%
오래 걸린다/결제 프로세스가 너무 복잡하다	18%
신용 카드 정보를 입력할 만큼 신뢰할 수 없다	17%
최종 합계 금액을 알 수 없다	17%
에러가 발생했다	12%
반품 규정에 만족할 수 없다	11%
지불 방법 선택지가 너무 적다	7%
신용 카드 결제가 거부되었다	4%

결제를 눈앞에 둔 약 70%의 고객이 최종으로 결제 버튼을 눌러 구입까지 이어졌다면 여러분에게 얼마나 많은 매출을 안겨 주겠습니까?

이런 접근 방식으로 매출 증대를 고민한다면 더는 광고비에 갑자기 많은 비용을 투입하거나 누군가에게서 잠재 고객 리스트를 구입하지 않아도 됩니다. 마이크로카피가 제공하는 비용 대비 높은 효과로 눈을 돌려 보세요. 여러분도 반드시 그 영향을 실감할 수 있을 것입니다.

마이크로카피가
효과를 내기 쉬운 이유

■ 사람의 행동을 유발하는 3가지 요소

마이크로카피가 비용 대비 높은 효과를 내는 이유는 무엇일까요? 다음 모델
이 마이크로카피의 효과를 이해하는 데 도움이 될 것입니다.

B. J. Fogg의 소비자 행동 모델

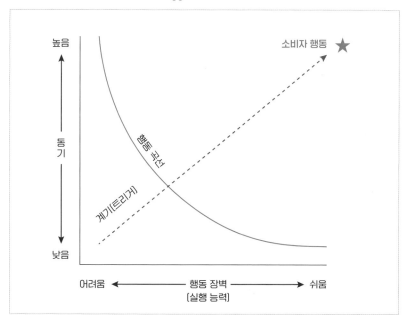

앞의 모델은 스탠포드 대학의 행동 디자인 연구소 설립자이자 행동과학자인 B. J. Fogg 박사가 제안한 행동 모델로, 소비자가 행동을 하도록 하기 위해 필요한 '동기', '행동 장벽', '계기(트리거)' 3요소의 상관관계를 나타냅니다.

이 모델에 따르면 소비자가 행동을 하는 데는 계기가 필요한데 동기는 높고, 행동 장벽이 낮을수록 행동을 하기 쉬워집니다. 이 3요소가 갖춰져야 비로소 고객은 구입, 등록, 자료 요청 등의 행동을 실행하게 되는 것입니다. 정리하면 다음과 같습니다.

- 잠재 고객에게 행동하는 것의 가치를 전달함으로써 강한 동기를 부여할 수 있습니다.
- 행동 장벽은 '행동을 방해하는 요인'으로, 심리적인 불안, 어려운 조작 방법 등이 원인이 되기도 합니다. 그러므로 마이크로카피를 사용해서 고객의 불안을 완화시키거나, 원활하게 조작할 수 있도록 명확한 지시를 내려 주는 등의 개선이 필요합니다.
- '상품의 재고가 거의 없다', '남은 방이 2개뿐이다'와 같은 메시지를 통해 행동을 일으키는 계기를 마련할 수 있습니다. '언제든 손에 넣을 수 있는 것이 아니다'라는 기분이 잠재 고객의 행동을 독려하는 것입니다.

■ 동기 부여가 되어 있는 사람을 노리므로 효과를 내기 쉽다

생각해 보세요. 구매하고자 하는 의욕(동기)이 높은 잠재 고객일수록 실제 구매로 이어지도록 만들기는 상대적으로 수월할 것입니다. 하지만 대부분의 마케터들은 '구매 의욕이 낮은 잠재 고객'을 대상으로 구매 의욕을 높이고자 노력합니다. 이것은 당연하게도 난이도가 높고, 시간도 많이 걸립니다. 지금 바로 성과를 내야 한다면 이 방법은 틀린 방법에 해당합니다.

구매 의욕이 낮은 고객을 설득하려면 뛰어난 카피라이팅, 매력적인 제안, 우수한 웹 디자인, 브랜드 파워 등이 복합적으로 필요하기 때문입니다. 캠페인 기간이 충분하고, 광고 예산이나 인적 자원이 풍부하다면 가능성을 높일 수 있을지도 모르지만, 대부분은 모든 자원이 풍족하지 않을 것입니다. 그러므로 메시지를 전달할 대상을 더욱 좁혀야 합니다.

우리들이 집중해야 할 대상은 버튼을 누를지 말지 고민 중이거나 이미 상품을 장바구니에 담은 고객들입니다. 이처럼 이제 곧 구입하려고 하는 사람들을 대상으로 등을 살짝 밀어주는 역할을 하는 것이 바로 마이크로카피입니다. 그러므로 충분히 쉽게 효과를 낼 수 있는 것입니다.

■ 고객의 행동 장벽을 낮추기 때문에 효과를 내기 쉽다

여러분의 고객은 동기가 아무리 높더라도 '행동으로 옮기지 않을 빌미를 찾아내는 천재'이기도 합니다. 단순히 그날 기분이 좋지 않다는 이유만으로 구입을 포기하거나 미루는 경우도 많습니다. 고객이 행동을 멈추게 되는 이유에는 대체 어떤 것들이 있을까요? 다음 6가지 분류를 확인해 보세요.

① 시간이 걸린다

구입을 완료하기까지 프로세스가 너무 길거나, 기입해야 하는 입력 폼이 10개 이상이라면 행동 장벽이 높아집니다. 바쁜 시간을 쪼개어 쇼핑을 하고 있는 고객에게 시간이 걸리는 일은 스트레스 요인이며, 결국 사이트에서 이탈하게 되는 원인이 됩니다.

② 돈이 든다

상품이나 서비스에 돈이 얼마나 들어가는가 하는 것은 매우 중요합니다. 상품 가격만 보고 적당하다고 판단해서 장바구니에 추가했으나 결제 화면에서 '고가의 배송료'나 '수수료'에 관해 알게 된다면 어떨까요? 많은 사람이 이탈하게 될 것입니다.

③ 가능한 움직이고 싶지 않다

서비스 신청서를 출력한 후 우편으로 보내야 하는 것과 출력할 필요 없이 온라인에서 바로 전송할 수 있는 것 중 어느 것이 편할까요? 노력이 드는 절차는 멀리 하게 됩니다.

④ 가능한 생각하고 싶지 않다

고객은 어려운 것을 좋아하지 않습니다. 등록 화면이 전문 용어로 가득하거나 구입을 위해 하이픈 입력 여부까지 고려해야 한다면 폼 작성이 번거롭다고 느낄 것입니다. 고객은 가능한 한 생각하고 싶어 하지 않는다는 점을 기억해야 합니다.

⑤ 사회적인 반발이 있다

'돈을 지불하면 좋은 리뷰를 달아 드립니다.', 'SEO 대책으로 블로그 포스팅 200개를 작성합니다.'와 같은 스팸 행위, 사회의 규칙에서 벗어난 행위는 꺼림칙함을 느끼는 요인입니다.

⑥ 익숙하지 않은 것을 기피한다

사람은 익숙하지 않은 것에는 난색을 표합니다. 처음 신용 카드 정보를 등록할 때, 평소와는 다른 프로세스로 보안 인증을 수행할 때, 머리를 써야 하는 절차가 있을 때와 같은 상황이라면 고객은 적극성을 잃어버립니다.

이와 같은 고객의 행동에 장벽이 되는 것들을 제거할 때 효과를 발휘하는 것이 바로 마이크로카피입니다. 고객이 행동하지 않는 이유를 하나씩 제거함으로써 결과적으로 고객의 행동을 이끌어 낼 수 있습니다.

■ 모든 것은 계기를 부여하는 것부터

동기가 높고, 행동 장벽이 하나도 없다면 고객이 곧바로 상품을 구입할까요? 그렇다고 단정할 수만은 없습니다. 사람이 행동을 하려면 계기가 필요하기 때문입니다. 앞에서 언급한 것처럼, 고객은 행동하지 않는 이유를 찾아내는 데 천재이기 때문에 우리들은 고객이 한 걸음 내딛도록 계기를 부여하는 역할을 해야 합니다. 등을 살짝 밀어주는 듯한, 행동의 계기가 되는 말을 걸어 보세요.

- **행동을 요청한다(Call to Action)** 예) 지금 바로 신청하세요
- **행동함으로써 얻을 수 있는 이익을 전달한다** 예) 무료로 30일 동안 시청할 수 있습니다
- **행동을 부추기는 정보를 알린다** 예) 이미 2,039개 회사가 이 서비스를 이용하고 있습니다
- **불안을 완화한다** 예) 여러분의 개인 정보는 제삼자에게 제공되지 않습니다
- **질문에 미리 답한다** 예) 우편번호에 하이픈은 필요하지 않습니다

'행동으로 이끈다.' 이것이야 말로 마이크로카피의 핵심 기능입니다. 어떤 때는 심리적인 불안을 완화하고, 어떤 때는 명확한 지시를 부여함으로써 고객의 행동을 유도합니다.

이어지는 2장에서는 마이크로카피를 활용하기에 앞서 준비에 대해 다루며, 마이크로카피의 본격적인 활용은 이후 3장에서 자세히 설명합니다.

2장

마이크로카피
개선 준비

목적지에 확실하게 도달하려면 지도와 나침반, 그리고 도구를 올바르게
사용하기 위한 지식이 필요합니다. 이번 장에서는 본격적인 마이크로카
피 활용 사례에 앞서 미리 준비해야 할 환경 및 최소한 알아 두어야 할
사전 정보 등에 대해 소개합니다.

웹 분석 도구를
도입한다

■ 수치 데이터를 측정할 수 있는 환경을 준비해야 한다

필자가 컨설팅을 진행하면서 자사의 웹사이트에서 수치 데이터를 뽑지 않는 기업이 많다는 점에 놀랐습니다. 무엇인가를 개선하고자 한다면 추측이 아닌 사실을 기반으로 판단하고 개선할 점을 찾아야 합니다.

그러므로 우선은 수치를 측정할 수 있는 환경을 갖추어야 합니다. 수치를 쫓는 것이 무조건 좋다는 말은 아닙니다. 하지만 무엇인가를 개선하고 그 성과를 측정하는 명확한 기준을 만들 때 수치 데이터는 분명 효과적인 자료입니다.

이러한 수치 기반의 성과 측정은 고객의 목소리에 귀를 기울이는 것만큼 프로젝트에 참여하는 팀 전체에 좋은 영향을 미칩니다. 예를 들어 대표나 임원, 관리자의 한마디에 모든 것이 단번에 뒤집히거나, 대리점에서 막무가내로 제안하는 내용에 휘둘리는 일이 줄어들 겁니다.

단지 몇 글자만으로도 매출이 크게 변하는 웹의 세계에서 일일이 상사에게 보고하거나 문의할 만큼 시간이 충분하지 않습니다. 그러므로 개선 프로젝트의 초기 단계에서 '수치 데이터, 사실에 기반해서 이야기한다'는 점을 주지할 필요가 있습니다.

시작부터 굳이 수치 데이터를 언급하는 것은 조직의 의사 결정이 '사실'이 아닌 인간 관계나 힘의 균형에 따라 왜곡되는 것을 많이 보았기 때문입니다.

■ 웹 분석 도구부터 도입하자

먼저, 여러분의 웹사이트의 '건강 상태'를 확인하기 위해서 사이트의 방문자 수, PV 수, 평균 체류 시간, 이탈률 등의 분석부터 시작합시다. 웹 분석 도구는 Google에서 제공하는 가장 기본적인 무료 접근 분석 도구인 Google 애널리틱스(https://analytics.google.com/analytics/) 사용을 권장합니다. Google 애널리틱스에 관해 더 학습하고 싶다면 Google에서 무료로 제공하는 애널리틱스 아카데미(https://analytics.google.com/analytics/academy/)에 방문해 보세요. 분명 도움이 될 것입니다.

Google 애널리틱스는 무료이면서도 그 성능이 매우 뛰어납니다. 사용자의 행동 분석부터 A/B 테스트까지, 기본적인 기능을 모두 제공하므로 웹 담당자가 가장 먼저 도입해야 할 도구라고 말할 수 있습니다. 설정을 위해서는 일정 수준 이상의 지식이 필요하므로 외주를 주는 것도 방법입니다.

분석 보고서를 보면서
숫자에 익숙해지자

■ 습관화를 통해 숫자의 의미를 이해한다

웹 분석 도구를 도입했다면 이제는 매일 분석 보고서를 보면서 숫자에 익숙해져야 합니다. 왜 그럴까요? 대답으로 적합한 말이 있습니다.

> 데이터를 얻기 전에 이론화하는 것은 큰 잘못이다. 왜냐하면 인간은 사실을 증명하기 위해 이론을 만드는 것이 아니라, 이론에 맞춰 사실을 조금씩 왜곡하기 때문이다.
>
> — Conan Doyle(영국의 작가)

만약 여러분이 경영자라서 웹 관련 업무를 모두 협력 업체에 의뢰했거나 마케팅 담당자에게 맡겼다고 해도, 웹 분석 보고서만큼은 직접 읽어야 합니다. 웹 마케팅 분야를 잘 알지 못해도 걱정할 필요는 없습니다. 매일 보고서를 보다 보면 협력 업체에 의뢰한 업무의 성과나 마케팅 담당자의 일주일간의 진척 상황 등 지금 진행 중인 프로젝트가 잘 돌아가고 있는 것인지 판단할 수 있게 됩니다. 여러분 자신이 비즈니스에 대한 통제에서 손을 놓지 않는 것이 중요합니다.

무엇보다, 매일 분석 보고서를 보는 습관은 여러분의 시야를 넓혀 줍니다. 랜딩페이지의 접근 수, 목표 달성률, 또는 A/B 테스트의 결과 등의 수치 데이터를 매일 확인하다 보면 '오늘은 이쪽 크리에이티브의 등록 수가 많군? 이것은 아마도…'라고 자신의 가설을 세울 수 있게 됩니다. 숫자의 의미가 조금씩 보이기 시작하는 것입니다.

■ 회의에서 보고할 때는 숫자에 이야기를 얹는다

현재 개선 작업을 진행 중이라면 담당자끼리 수치 데이터를 공유해야 합니다. 더욱이 회의를 진행한다면 단순히 숫자를 읽는 것이 아니라 그 숫자가 나온 이유는 무엇인가에 관한 통찰이나 설명을 함께 해야 합니다.

원하는 대로 잘 진행되고 있는가, 우연히 잘 진행된 것인가, 잘 진행되지 않아 개선이 필요한가, 테스트를 중단해야만 하는가 등 숫자에 이야기를 얹음으로써 현재 일어나고 있는 일에 대해 본인이 어떻게 이해하고 있는지를 전달할 수 있습니다.

회의는 숫자를 발표하는 것이 아니라 이후에 수행할 행동을 결정하는 기회여야 합니다.

달성 목표를
명확하게 설정한다

■ 이 프로젝트의 목표는 무엇인가?

웹 분석과 관련된 수치 데이터를 읽을 수 있게 되었다면 이제 목표를 설정합니다. '우리들이 이 페이지에서 달성하려는 목표는 무엇인가?' 그렇습니다. 비즈니스를 하는 이상, 반드시 목표를 설정해야만 합니다. 그 대표적인 지표가 컨버전Conversion입니다. 컨버전이란 '전환'이라는 의미를 가진 용어로, 웹 마케팅에서는 웹사이트에서 획득할 수 있는 최종적인 결과를 의미합니다.

예를 들어 '상품 구입', '신규 회원 가입', '메일 매거진 구독'과 같은 것이 컨버전입니다. 즉, 웹사이트 방문자가 서비스 제공자 입장에서 가치가 있는 특정한 행동을 했을 때 목표를 달성했다고 말할 수 있습니다.

웹페이지에서 설정한 목표의 예시	
• 상품 구입	• 메일 매거진 구독
• 서비스 신청	• 다운로드
• 신규 회원 가입	• 자료 요청
• SNS 공유	• 문의

가장 먼저 생각할 것은 고객(사용자)의 니즈

고객은 무언가 이유나 목적이 있어 여러분의 웹사이트를 방문했을 것입니다. 여행용 가방을 찾을 수도 있고, 리폼Reform에 관한 질문을 위해 방문했을지도 모릅니다. 그러므로 컨버전을 얻기 위해서는 가장 먼저 고객(사용자)의 목적을 알아야 합니다.

예를 들어 고객은 해외 여행 상품을 구매하기 전에 투어 전반에 관한 충분한 정보부터 확인하고 싶은데 갑자기 구매 신청 버튼부터 표시된다면 어떨까요? 구매를 유도하려고 배치한 버튼이 오히려 행동 장벽을 높이게 될 것입니다. 반면 문의 버튼이나 자료 신청 버튼이 있다면 고객의 행동 장벽을 낮추는데 도움이 될 것입니다.

서비스 제공자 입장에서 달성하고자 하는 목표만 생각한다면 덜컥 구매 신청 버튼부터 배치하는 상황이 발생합니다. 그러니 우선은 고객이 그 페이지에 방문한 목적을 생각해 보기 바랍니다. 고객의 입장에서 먼저 생각해 본다면 최종적으로는 여러분이 원하는 적절한 목표를 설정하는 데도 도움이 될 것입니다.

A/B 테스트를
수행한다

■ 마이크로카피를 사용할 때 A/B 테스트는 필수다

마이크로카피를 중심으로 한 웹사이트 개선에는 A/B 테스트를 통한 검증이 필수입니다. A/B 테스트는 웹페이지에서 일부분을 'A 패턴'과 'B 패턴'으로 준비하여 어느 쪽이 더 나은 결과를 얻을 수 있는지 판단하는 테스트입니다. 예를 들어 웹페이지에 100명이 방문한다면 50명에게는 A 패턴, 나머지 50명에게는 B 패턴을 보여 주고 우열을 가립니다. Google에서 제공하는 Google 최적화 도구(https://marketingplatform.google.com/intl/ko/about/optimize/)를 사용하면 A/B 테스트를 간단하게 실행할 수 있습니다. Google 최적화 도구는 2023년 9월 30일 이후 사용이 중단되었고, Google 애널리틱스에 통합될 예정입니다.

A/B 테스트 이미지 예시

50%의 방문자 → A 패턴 → **23%**의 목표 달성률

나머지 50%의 방문자 → B 패턴 → **11%**의 목표 달성률

■ Yahoo!의 CEO가 발견한 41종류 중 최고의 파란색

왜 A/B 테스트가 중요할까요? 이에 관해서는 Google의 20번째 직원으로 입사하여 임원에 올랐으며, 미국 Yahoo!의 CEO를 지낸 Marissa Mayer의 일화를 소개합니다. 그것은 '41종류의 파란색 버튼 테스트'입니다.

Marissa Mayer는 Google에서 일하던 당시, 부하 직원인 웹 디자이너에게 41종류의 파란색 검색 버튼을 사이트 방문자를 대상으로 나누어서 보여 주게 했습니다. 어떤 파란색 버튼을 사용했을 때 가장 클릭이 많은지 특정하기 위 해서였습니다.

왜 이렇게까지 했을까요? Google의 수입 대부분은 광고비입니다. 방문자가 검색 버튼을 클릭한다는 것은 다시 말해, 수입이 증가하는 것을 의미합니다. 0.1%의 클릭률의 차이가 장기적으로는 수조 원의 수익 차이가 되기 때문에 미묘한 색 차이에 집착한 것입니다.

보잘것없어 보이는 작디작은 개선이라고 할 수도 있겠지만, 이러한 테스트를 거쳐 선정된 파란색 버튼이 Google의 성장기를 지탱했다 해도 과언이 아닙니다.

마이크로카피의
전제 조건을 확인한다

■ 마이크로카피를 활용하기 위해 필요한 3가지 조건

마이크로카피는 사용자의 의사 결정에 큰 영향을 미칩니다. 그 힘을 100% 활용하기 위해서는 몇 가지 전제 조건을 만족해야 합니다. 건물을 지을 때 2층부터 만들 수 없는 것처럼 골조부터 확실하게 세우고 공사를 해야 합니다.

마이크로카피를 활용한 사이트 개선을 시작하기에 앞서 다음 사항들부터 확인해 보세요.

① 웹사이트에 콘텐츠, 상품, 서비스가 준비되어 있는가?

당연하지만 웹사이트에서는 콘텐츠, 상품, 또는 서비스를 제공해야 합니다. 고객의 흥미를 끄는 콘텐츠를 준비했나요? 매력적인 상품이나 서비스를 판매하고 있나요? 서비스 제공자임에도 무언가를 제공하지 않으면 당연하게도 고객이 행동할 이유는 없습니다.

② 트래픽이 있는가?

또한, 트래픽이 없는 웹사이트에서도 컨버전이 발생하지 않습니다. 물론 클릭한 만큼 비용이 발생하는 PPC 광고 등을 집행해서 트래픽을 늘릴 수는 있지만, 광고 예산이 없다면 먼저 콘텐츠를 충실히 만들면서 자발적인 검색으로 트래픽을 늘리는 데 집중해야 합니다. 트래픽이란 사이트나 페이지를 오가는 방문자의 흐름을 의미합니다.

③ 치명적인 시스템 에러나 결함은 없는가?

문자 깨짐, 링크 깨짐, 시스템 관련 에러 등은 마이크로카피로 커버할 수 없는 영역입니다. 그러므로 반드시 모든 폼에 문자를 입력해서 올바르게 동작하는지 확인하기 바랍니다. 이커머스라면 고객의 입장에서 실제로 쇼핑을 해보면서 장바구니나 결제 시스템이 확실하게 동작하는지 확인해 보세요.

성공 사례를
다양하게 살펴본다

■ **타사의 사례를 아는 것부터 시작해 본다**

> 카피라이팅은 인터페이스 디자인이다. 픽셀, 아이콘, 폰트에 집착해야 한다면 모든 문자도 동일하게 다루어야만 한다.
>
> – Jason Fried(37signals)

이 책의 3장부터는 웹사이트에서 사용된 우수한 마이크로카피 사례를 소개합니다. A/B 테스트를 통해 검증되었고, 실제로 사용해서 그 효과가 입증된 사례 위주로 선별했으므로 마이크로카피의 정수를 맛볼 수 있을 것입니다.

대부분 해외의 사례지만, 그 나라만의 특별한 관습이 있는 경우를 제외하면 소비자의 행동 심리는 국가나 지역에 관계없이 보편적이기 때문에 여러분의 웹사이트에도 충분히 적용해 볼 수 있을 것입니다. 무엇보다, 소개할 사례를 선정할 때 가능하면 보편적으로 적용할 수 있는 것들 위주로 선택하고자 노력했습니다.

자, 준비되셨나요? 3장부터가 이 책의 시작이라고 해도 과언이 아닐 것입니다. 그럼 시작해 봅시다. 이 책의 저자는 트위터를 통해 우수한 마이크로카피를 공유하는 캠페인을 진행하고 있습니다. 트위터에서 #microcopy를 검색해 보세요. 여러분의 웹사이트를 극적으로 개선할 수 있는 아이디어를 발견하게 될지도 모릅니다.

3장

무조건 클릭하고 싶은
강력한 컨버전 버튼의
마이크로카피

상품 구매 버튼이나 서비스 신청 버튼 등을 컨버전 버튼이라고 합니다.
컨버전 버튼과 버튼 주변은 마이크로카피의 활약이 두드러진 곳으로,
카피의 소구나 문체의 차이에 따라 목표 달성률이 크게 달라질 수 있습
니다. 소구란 소비자의 구매욕을 자극하기 위해 상품이나 서비스의 특
성, 장점 등을 호소하여 공감을 얻는 것입니다.

컨버전 버튼에 사용한
마이크로카피의 중요성 알기

■ 이것이 완전무결한 최선의 버튼인가?

Google의 프로덕트 매니저Product Manager, Barack Obama 선거 대책팀 출신으로, 현재는 A/B 테스트 도구로 유명한 Optimizely의 CEO인 Dan Siroker는 Barack Obama 선거 팀 캠페인 사이트의 문제점을 찾기 위해 Google 애널리틱스를 활용하여 분석을 진행했습니다.

캠페인 사이트의 목적 중 하나는 지원자들의 메일 매거진 등록을 요청하는 것이었고, 메일 매거진에 등록하려면 메일 주소를 입력한 뒤 빨간색으로 된 '등록하기' 버튼을 선택해야 했습니다. Dan Siroker는 이 빨간색 버튼에 주목했습니다. '과연 이것이 완전무결한 최선의 버튼인가?'

■ 대선에서 Barack Obama를 승리로 이끈 마이크로카피

의문을 품은 Dan Siroker는 캠페인 사이트에 적용해 볼 4종류의 버튼과 6종류의 관련 이미지를 준비했습니다. 4종류의 버튼과 6종류의 이미지를 조합하여 총 24종류를 웹사이트 방문자에게 테스트하고, 메일 매거진 등록률이 가장 높은 조합을 특정하고자 한 것입니다.

테스트 기간 중 캠페인 사이트에는 총 31만 382명이 방문했으며, 각 조합마다 약 1만 3,000명이 열람하였습니다.

4종류의 버튼 변형

여러 이미지와 버튼으로 조합한 캠페인 사이트

결과는 어떠했을까요? 4종류의 버튼 중 가장 많은 구독자를 모은 것은 '더 알아보기(LEARN MORE)' 버튼이었습니다. 또한 '더 알아보기(LEARN MORE)' 버튼과 Barack Obama의 가족 사진으로 조합한 것이 전체 패턴 중 가장 높은 등록률을 기록했으며, 이는 개선 전 페이지에 비해 40.6%나 향상된 결과였습니다.

이렇게 새로운 패턴으로 캠페인 페이지를 개선함에 따라 최종적으로 Barack Obama 선거 팀은 288만 명의 신규 등록자를 얻을 수 있었습니다. 이뿐만이 아닙니다. 메일 매거진 구독자 중 약 28만 명이 자원봉사자로 추가 등록했습니다. 또한, 구독자 1인당 평균 21달러의 기부를 했으며, 최종적으로 약 6,000만 달러의 추가 기부금을 얻을 수 있게 되었습니다. Dan Siroker가 수행한 이 A/B 테스트가 Barack Obama의 승리에 크게 기여한 것입니다.

■ 마이크로카피를 최적화하면 컨버전이 크게 향상된다

앞서 미국 대선 사례처럼 웹사이트의 방문자가 구체적인 행동을 일으키는 계기가 되는 버튼을 컨버전 버튼Conversion Button이라고 부릅니다. 이런 컨버전 버튼은 단순한 버튼이 아닙니다. 사용자가 무언가를 결단할 때의 중요한 선택지이며, 비즈니스에 있어서는 수익에 직결되는 부분입니다. 그러므로 버튼에 사용할 마이크로카피를 충분히 고려해야 합니다.

- 문장은 이해하기 쉬운가?
- 행동해야 하는 가치를 전달하고 있는가?
- 고객이 느끼는 불안이나 걱정을 덜어 주는가?

단 하나의 단어를 테스트하는 것만으로 비즈니스의 성과에 변화가 일어납니다. Conversion Fanatics사의 사례에서 이를 잘 확인할 수 있습니다.

한 이커머스 기업은 자사의 웹사이트의 전환율의 크게 개선하고 싶었습니다. 각 페이지나 디자인 요소를 조금씩 테스트하는 것이 아니라 사이트 전체에 큰 변화를 주는 개선을 원했습니다. 그래서 Conversion Fanatics는 다른 클라이언트와 협업에서 성공을 거둔 마이크로카피 개선 방법을 활용하기 위해 A/B 테스트를 수행했습니다. 웹사이트 전체적으로 표시되는 구매 버튼의 문구를 다음과 같이 변경한 것입니다.

그 결과는 어땠을까요? 버튼의 단어 하나를 바꾼 것만으로 구매율이 81.4%나 증가했습니다.

구매 버튼의 문구 변경과 효과

이뿐만이 아닙니다. 장바구니에 추가된 상품 수는 22% 증가했고, 결제 페이지의 뷰가 95.3%나 향상되었습니다. 영미권의 이커머스 사이트에서 트렌드처럼 사용되던 버튼 문구(Add to bag)가 잠재 고객에게 혼란을 준 것이었습니다. 이 사례는 고객의 머릿속에 있는 용어의 중요성을 나타냅니다.

여러분의 사이트에서도 컨버전 버튼을 사용하기 전에는 항상 A/B 테스트부터 진행하기 바랍니다.

버튼의 문구에서
혜택을 전달한다

■ 잠재 고객은 행동하지 않을 이유를 발견하는 데 천재

'절차를 과장하는 것이 아니라, 행동할 가치를 전한다.' 이것이야 말로 훌륭한 버튼의 문구를 작성하는 첫 번째 단계입니다.

잘 만들어진 광고를 보고 구매 의욕이 충분히 높아진 잠재 고객들조차 실제 구매 버튼을 누르기까지 계속해서 구입 여부를 고민합니다. 고민의 이유는 다양합니다.

가격이 원인이거나 배송료에 대한 고민일 수도 있습니다. 구입 절차가 너무 복잡하다는 이유로 구입을 그만두는 사람도 있습니다. 이처럼 잠재 고객은 '행동하지 않을 이유'를 발견하는 데 천재입니다.

그러므로 버튼의 문구를 고민할 때는 잠재 고객의 구매 동기를 충분히 부여할 수 있어야 합니다. 최고의 방법은 사용자가 얻을 수 있는 혜택을 전달하는 것입니다.

■ '무료'는 잠재 고객이 행동하게 하는 강력한 이익

이익의 유형은 다양합니다. 예를 들어 '무료'는 광고계에서 오래 전부터 사용하던 가장 강력한 단어입니다. 여러분이 무언가 무료로 서비스나 콘텐츠를 제공한다면 이러한 이점을 사용하지 않을 이유가 없습니다.

Apple에서 제공하는 Apple Music에서는 사용자를 무료 체험판으로 안내하는 마이크로카피인 '1개월 무료 체험하기'를 사용하고 있습니다.

Apple Music의 마이크로카피

새롭게 사운드에 사로잡히다.

1개월 무료 체험하기*

온라인 스토리지 서비스인 Dropbox에서는 '무료 체험판'과 '30일간 무료로 사용해 보세요'로 A/B 테스트를 수행했습니다. 같은 '무료'라도 어떤 문구로 행동을 유도하는가에 따라 컨버전은 크게 달라집니다. 단, '무료'는 고객이 돈을 지불해도 좋다고 생각할 정도로 가치가 있는 것을 진짜 무료로 제공할 때만 그 힘을 발휘합니다.

인터넷에는 무료라도 필요 없는 콘텐츠가 넘칩니다. 그러므로 무료로 제공하려는 콘텐츠의 가치를 충분히 고민하기 바랍니다. '가치가 있는 것을 무료로 제공하는 것'이 고객의 행동을 끌어내는 열쇠입니다.

■ 버튼 바로 옆에 카피를 넣어도 효과를 예상할 수 있다

이런 사례도 있습니다. 온라인 연락처 관리 서비스 Soocial에서는 가입 버튼 바로 옆에 '무료!'를 추가하여 테스트를 진행했습니다. 단지, 이것만으로 회원 가입 비율이 28.3%나 향상되었습니다.

Soocial의 가입 버튼 개선

버튼 주변은 시선이 닿기 쉬우므로 전환율에 큰 영향을 미칩니다. 그러므로 버튼의 역할(조작성)을 방해하지 않도록 주의하면서 '무료'라는 마이크로카피를 테스트해 보기 바랍니다.

버튼 주변에 클릭 트리거를 추가한다

■ **클릭 트리거는 사용자의 방황을 멈추게 하기 위한 마이크로카피**

COPYHACKERS(https://copyhackers.com/)의 카피라이터인 Joanna Wiebe는 버튼 주변에 있는 특별한 종류의 문구에 '클릭 트리거Click Trigger'라는 이름을 붙였습니다.

클릭 트리거란 사용자가 머뭇거리게 하는 '심리적 장벽'을 낮추는 마이크로카피입니다. 사용자가 결단을 내릴 때의 '불안'이나 '걱정'을 완화시켜 주거나, '의문'을 해결해 줘서 사용자의 행동을 살짝 부추기는 역할을 합니다.

예를 들어 할 일 관리 도구인 TASKWORLD에서는 사용자가 무료 체험판을 사용할 때 느낄 수 있는 불안, 예를 들어 '정말 무료인가?', '나중에 과금되는 것이 아닌가?'라는 의문을 해소하기 위해 마이크로카피를 사용해서 과금에 필요한 신용 카드 정보가 필요하지 않다는 것을 전달했습니다.

TASKWORLD의 무료 체험 버튼

무료 체험판 시작

신용 카드는 필요 없습니다

일본의 정액제 동영상 스트리밍 서비스인 U-NEXT에서도 사용자에게 무료 체험 기회를 제공합니다. U-NEXT에서는 다음과 같은 클릭 트리거로 ① 무료 체험은 3단계로 간단하게 시작할 수 있다는 점과 ② 언제든지 취소(해지)할 수 있다는 점을 구체적이고도 명확하게 전달합니다.

U-NEXT의 무료 체험 버튼과 클릭 트리거

지금 시작하기

등록은 3단계로 간단.
언제든지 즉시 취소(해지)할 수 있습니다.

※등록일을 포함한 31일 이내에 해지한 경우, 월액 요금은 발생하지 않습니다.

이 사례들을 보면 버튼의 문구(CTA)와 그 주변에 있는 클릭 트리거는 상호 보완 관계에 있다는 것을 알 수 있습니다. 우선 버튼의 문구가 있고, 클릭 트리거는 버튼의 문구를 보고 떠오를 수 있는 사용자의 반론을 사전에 차단합니다. 사용자가 원활하게 다음 단계로 넘어갈 수 있도록 하는 윤활유와 같은 역할을 하는 것입니다.

■ 클릭 트리거에는 크게 3가지 유형이 있다

클릭 트리거는 어떠한 이유로 주춤하고 있는 사용자의 등을 살짝 밀어주는 역할이라고 했습니다. 이러한 클릭 트리거에는 다음과 같이 크게 3가지 유형이 있습니다.

- 심리적인 장벽을 낮추는 지원 유형
- 동기를 높여 주는 혜택 안내 유형
- 행동을 부추기는 정보 전달 유형

위 유형 중 정보 전달 유형의 사례로, 네덜란드의 립글로스 브랜드에서는 '장바구니에 담기' 버튼 아래쪽에 '배송료 4.95유로(25유로 이상 주문 시 무료 배송)'를 추가한 후 매출이 60.1% 향상되었습니다.

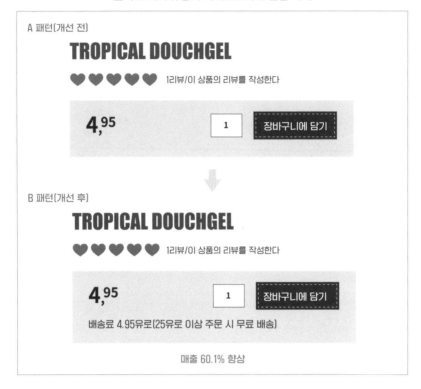

클릭 트리거 유형의 마이크로카피 활용 사례

A 패턴(개선 전)

TROPICAL DOUCHGEL

♥ ♥ ♥ ♥ ♥   1리뷰/이 상품의 리뷰를 작성한다

4,95   [1]   장바구니에 담기

B 패턴(개선 후)

TROPICAL DOUCHGEL

♥ ♥ ♥ ♥ ♥   1리뷰/이 상품의 리뷰를 작성한다

4,95   [1]   장바구니에 담기

배송료 4.95유로(25유로 이상 주문 시 무료 배송)

매출 60.1% 향상

이어서 필자의 회사에서 시행착오를 거쳐 마이크로카피 개선을 진행한 초기 A/B 테스트 결과를 살펴보겠습니다. 기존 메일 매거진 등록 페이지에서는 버튼 아래 주의 사항을 넣었었습니다. 이것을 혜택 안내 유형의 클릭 트리거로 변경한 후 A/B 테스트를 진행했습니다. 그러자, 주의 사항을 넣었을 때에 비해 75.76%나 되는 전환율 차이가 발생했습니다. 이 메일 매거진 등록 페이지에는 Facebook 광고를 집행 중이었기 때문에, 전환율이 높아짐에 따라 비용 대비 효과를 큰 폭으로 개선할 수 있었습니다.

메일 매거진 구독 버튼의 개선 전후 사례

A 패턴(주의 사항 사용 시)

메일 주소를 입력하세요.

무료로 구독하기

한 글자라도 틀리면 정보를 받을 수 없으므로, 영문자를 정확하게 입력하세요.

전환율 11.84%

B 패턴(혜택 안내 사용 시)

메일 주소를 입력하세요.

무료로 구독하기

※출간 결정! 2017년 6월 출간 예정인 《더 마이크로카피(가제)》의 편집 원고의 일부를 지금 확인할 수 있습니다.

전환율 20.81%

Friendbuy(https://www.friendbuy.com/)에서는 '무료 체험 시작하기' 버튼 바로 옆에 고객의 목소리를 추가하자, 무료 체험 등록률이 15%나 향상되었습니다. 이 사례 역시 행동을 부추기는 정보 전달 유형의 클릭 트리거라고 할 수 있습니다. 서비스 제공자가 직접 상품의 장점을 어필하는 것보다 제삼자의 목소리를 사용하는 편이 설득력을 높일 수 있기 때문입니다.

Friendbuy에서는 여기에 만족하지 않고, '신용 카드가 없어도 바로 시작할 수 있습니다', '초대장이나 오퍼 등을 커스터마이징할 수 있습니다'라는 2개의 클릭 트리거를 사용하여 테스트했고, 목표 달성률이 34%나 향상되는 성과를 얻을 수 있었습니다.

Friendbuy의 무료 체험 버튼의 개선 사례

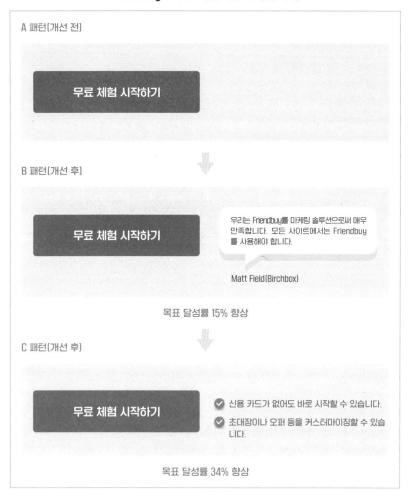

■ 클릭 트리거로 사용되는 소구

지금까지 소개한 사례들만 봐도 클릭 트리거에 목표 달성률을 향상시키는 효과가 있음을 분명하게 알 수 있습니다. 클릭 트리거를 사용할 때는 다음과 같은 소구를 이용해 A/B 테스트해 보는 것이 좋습니다.

클릭 트리거로 자주 사용되는 소구	
• 고객의 불안을 완화한다	• 고객의 목소리
• 행동하는 가치를 전달한다	• 숫자, 뒷받침하는 사실, 데이터
• 얻을 수 있는 금전적 이익 또는 만족	• 충실한 지원, 환불 보장
• 행동을 부추기는 정보	• 별을 사용한 리뷰 평가, 보안 아이콘

■ 사용자의 불안을 미리 제거하는 것은 마이크로카피의 기본

불안을 해소하기 위한 마이크로카피의 적극적인 활용은 버튼 주변으로 한정된 것이 아닙니다. 고객의 시선이 머물 수 있는 곳이라면 어디든 효과적입니다.

예를 들어 SEO 최적화 도구를 판매하는 Yoast(https://yoast.com/)에서는 최종 결제 확인 페이지를 다음과 같이 변경해서 전환율을 11.30% 증가시켰습니다. 여러 곳을 개선했기 때문에 전환율 증가 원인을 특정할 수는 없지만, '기타 추가 비용은 없습니다'라는 마이크로카피가 사용자의 불안을 완화하는 데 큰 역할을 한 것임에는 틀림없습니다.

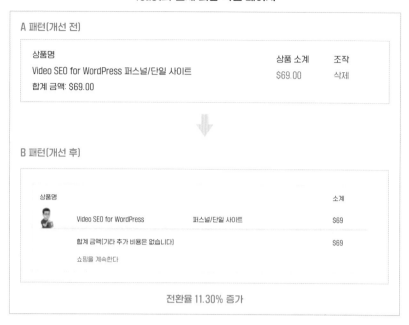

Yoast의 결제 최종 확인 페이지

A 패턴(개선 전)

상품명	상품 소계	조작
Video SEO for WordPress 퍼스널/단일 사이트	$69.00	삭제
합계 금액: $69.00		

B 패턴(개선 후)

상품명		소계
Video SEO for WordPress	퍼스널/단일 사이트	$69
합계 금액(기타 추가 비용은 없습니다)		$69
쇼핑을 계속한다		

전환율 11.30% 증가

NETFLIX에서는 무료 체험 기간을 제공하던 시절 무료 체험 등록 화면에서 자동 과금을 걱정하는 사용자들을 안심시키기 위해 '걱정하실 필요 없습니다. 무료 체험 종료 3일 전에 메일을 보내 드립니다'라는 안내 문구를 사용했습니다. 무료 기간이 종료되기 3일 전에 리마인드 메일을 받을 수 있다는 안도감에 사용자들은 안심하고 무료 체험을 신청하게 되었습니다.

NETFLIX의 구독 화면

NETFLIX

지불 방법을 선택

걱정하실 필요 없습니다. 무료 체험 기간 종료 3일 전에 메일을 보내 드립니다.

- 2015/11/07, 무료 체험 기간이 끝날 때까지 요금은 청구되지 않습니다.
- 간단 등록, 언제라도 온라인으로 취소할 수 있습니다.

다음 사례는 숙박 서비스 airbnb의 개인 정보 관리 화면입니다. airbnb를 사용하려면 생년월일 정보가 필수지만, '내 나이를 숙박지의 호스트에게 굳이 알려야 하나?'라고 생각할 수 있는 사용자를 안심시키기 위해 다음과 같은 메시지가 추가되어 있습니다.

airbnb의 개인 정보 관리 화면

생년월일	1986/03/05
	여러분이 이 세상에 태어난 기념일. 이 중요한 개인 정보는 결코 외부에서 사용되지 않으므로 안심하십시오.

사용성을 높이기 위해
마이크로카피를 사용한다

■ '자세한 내용은 여기로' 버튼이 원활한 사이트 체류를 방해한다

컨버전 버튼뿐만 아니라 페이지와 페이지를 연결하는 역할의 '링크' 버튼(링크 텍스트)도 무척이나 중요합니다. 예를 들어 미흡한 링크 버튼의 마이크로 카피 사례로 '자세한 내용은 여기로' 버튼을 들 수 있습니다. '자세한 내용은 여기로' 버튼의 문제점은, 버튼 주변에 있는 내용을 읽지 않으면 링크를 눌렀을 때 어떤 콘텐츠가 있을지 알지 못한다는 점입니다.

웹 사용성의 일인자인 Jakob Nielsen은 다음과 같이 말했습니다.

> 일반적인 웹페이지의 경우 평균적으로 접속 중인 사용자가 읽는 텍스트의 양은 많아야 전체의 28% 정도에 지나지 않는다는 분석 결과가 나왔다. 보다 현실적으로는 20% 정도로 보인다.
>
> – Jakob Nielsen

즉, 대부분의 사용자는 건너뛰며 읽기를 한다는 것입니다. '자세한 내용은 여기로'라는 버튼에는 정보량이 적으므로 사용자는 머뭇거리게 됩니다. 이처럼 잘못 사용된 링크 버튼은 결국 잘못된 마이크로카피로 인해 사용자의 원활한 행동을 방해하는 것입니다.

웹페이지 체류 중 사용자가 읽을 수 있던 텍스트 양의 최댓값 평균

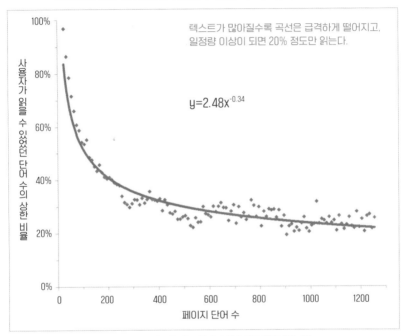

출처: Jakob Nielsen 박사의 Alertbox 〈사용자는 얼마나 텍스트를 읽지 않는가〉

■ '링크 버튼 너머에 무엇이 있는가?'에 대한 정보를 전달한다

따라서 링크 버튼에는 가능한 Jakob Nielsen 박사가 말한 '정보의 냄새'를 담아야 합니다. 즉, 마이크로카피를 구체적이고 설명적인 것으로 사용해야 합니다. 그렇게 하면 건너뛰며 읽는 사용자라도 자신들이 찾고자 하는 콘텐츠에 최단 거리로 도달할 수 있게 됩니다.

대표적인 사례로 Apple의 공식 사이트에서는 MacBook에 탑재되어 있는 M1 칩에 관한 링크 버튼을 다음과 같이 구체적인 문장으로 설계했습니다.

M1 칩에 관한 링크 버튼

건너뛰며 읽더라도 링크를 눌렀을 때 어떤 내용이 나타날지 예상할 수 있겠지요? 반대로 위의 사례에서 내용이 포함되지 않고 '더 자세히 알기' 버튼이 3개 나열되어 있다고 생각해 보세요. 무척이나 불편할 것입니다. 이렇게 링크 버튼의 마이크로카피를 하나씩 개선해 보세요. 아무리 우수한 상품이나 서비스를 판매하더라도 웹사이트 이용이 불편하거나 어렵다면 매출을 높일 수 없습니다. 모든 세일즈 담당자들은 판매에 들이는 노력만큼 사용성(쉬운 사용)에 관해서도 생각해야 합니다.

최대한 간결한 카피를 사용한다

■ 너무 긴 카피는 읽을 수 없다

구체적인 설명이 포함된 카피를 작성하려고 하면 문장의 길이가 늘어나기 십상입니다. 하지만 어떤 경우라도 간결함을 유지해야 합니다. 문장은 단순하게, 한 번에 2개 이상의 내용을 전달하지 마십시오. 정중한 말투는 중요하지만 지나치면 문장에 중복이 발생합니다.

도로 표식을 생각해 보면 좋을 것입니다. 수많은 자동차들이 빠른 속도로 지나치는 도로에 표지판을 세운다면 어떻게 해야 누구나 빠르게 내용을 파악할 수 있을까요?

웹에서도 마찬가지입니다. 단번에 읽을 수 없는 것이라면 너무 깁니다. 웹 사용자는 텍스트를 '읽는' 것이 아니라 페이지 전체를 그림으로 여기고 '살짝 보는' 경향이 있기 때문입니다. 이것은 광고 카피라이팅에서도 공통되는 이야기입니다. 카피에서 중요한 것은 길이가 아니라 효과입니다.

행동 지향 용어를
사용한다

■ '보내기' 버튼은 전환율이 낮다

여러분의 사이트에서 '보내기' 버튼을 사용하고 있다면 그것만 바꿔도 몇 퍼센트 정도의 전환율을 높일 수 있을지도 모릅니다. 소셜미디어 전문가인 Dan Zarrella의 조사에 따르면 4만여 개의 랜딩 페이지 중 '보내기' 버튼을 사용하고 있는 랜딩 페이지들이 다른 용어를 사용한 랜딩 페이지보다 전환율이 낮은 경향을 보인다고 합니다.

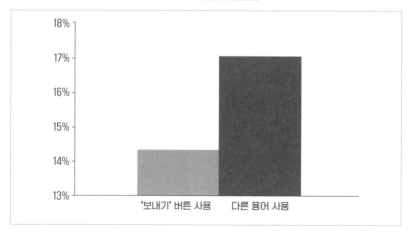

'보내기' 버튼의 전환율

'보내기', '전송', '업데이트', '등록' 같은 간단한 마이크로카피가 효과적인 것은 전문가용 소프트웨어 등을 설계할 때입니다. 비즈니스 사이트용 컨버전 버튼에서는 가능한 행동 지향적인 용어를 사용하는 것이 좋습니다. 능동적인 용어를 사용함으로써 사용자의 적극성을 끌어낼 수 있기 때문입니다. 예를 들어 다음과 같은 카피를 사용할 수 있습니다.

능동적인 카피의 예

- 문의하기
- 즉시 신청하기
- 자리 확보하기

이와 유사한 사례로 결제 방법의 선택을 종용할 때도 '결제 방법은 다음과 같습니다', '다음 결제 방법 중 선택할 수 있습니다'를 사용하기보다는 '결제 방법을 선택해 주십시오'를 사용하는 편이 직관적입니다. 그러므로 고객이 하길 바라는 행동을 직설적으로 전달합시다. 그렇게 하면 실제 행동을 이끌어 낼 가능성이 높아집니다.

시점 단어를
사용한다

■ 행동한다면 즉시, 미루지 않도록 하는 것이 중요

고객이 행동을 미루지 않도록, 지금 행동하는 것이 좋다는 것을 CTACall To Action 버튼으로 어필하는 것이 효과적입니다. 예를 들어 '지금 즉시'와 같은 용어는 고객에게 지금 바로 행동할 것을 종용합니다. 사이트에서 이탈한 고객이 다시 돌아올 가능성은 낮으므로, 이처럼 시점을 내포한 단어의 사용을 검토해 보기 바랍니다.

긴급성을 어필하는 마이크로카피

> **지금 바로 구입하기**

레저 브랜드인 HushTug에서는 이러한 시점 단어를 사용하여 자사 판매 사이트의 구입 버튼으로 A/B 테스트를 진행했습니다. 이전까지 사용하던 '예약 주문하기' 버튼과 시점 단어를 사용한 '지금 즉시 예약 구입하기' 버튼으로 테스트를 진행한 결과 전환율은 1.5배 이상으로 늘었습니다.

HushTug의 예약 구입 버튼

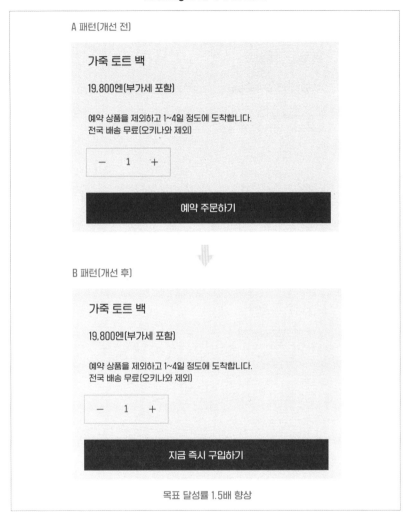

A 패턴(개선 전)

가죽 토트 백

19,800엔(부가세 포함)

예약 상품을 제외하고 1~4일 정도에 도착합니다.
전국 배송 무료(오키나와 제외)

| − | 1 | + |

예약 주문하기

B 패턴(개선 후)

가죽 토트 백

19,800엔(부가세 포함)

예약 상품을 제외하고 1~4일 정도에 도착합니다.
전국 배송 무료(오키나와 제외)

| − | 1 | + |

지금 즉시 구입하기

목표 달성률 1.5배 향상

HushTug에서는 예약 버튼뿐만 아니라 재고 상품 페이지에서도 시점 단어가 포함된 마이크로카피를 사용함으로써 성과를 향상시킬 수 있었습니다. 다음과 같이 '카트에 담기'와 '지금 즉시 구입하기' 버튼을 사용하여 A/B 테스트를 진행한 결과 '지금 구입하기' 버튼의 전환율이 1.53배로 향상되었습니다.

HushTug의 재고 구입 버튼

A 패턴(개선 전)

비즈니스 백 블랙

22,000엔(부가세 포함)

예약 상품을 제외하고 1~4일 정도에 도착합니다.
전국 배송 무료(오키나와 제외)

| − | 1 | + |

카트에 담기

B 패턴(개선 후)

비즈니스 백 블랙

22,000엔(부가세 포함)

예약 상품을 제외하고 1~4일 정도에 도착합니다.
전국 배송 무료(오키나와 제외)

| − | 1 | + |

지금 즉시 구입하기

목표 달성률 1.53배 향상

■ '나중'이 유용한 경우도 있다

'나중에 구입하기' 버튼이 유효한 상황도 있습니다. 대표적으로 Amazon과 같이 재방문자가 많은 대규모 이커머스의 사례입니다.

Amazon 이용자 중에는 충분히 생각한 후에 구매하고 싶어하는 사람도 있습니다. 최근에는 일단 좋아하거나 관심 있는 모든 상품을 장바구니에 담아 놓고 월급날이나 원하는 시점에 장바구니 목록 중 정말로 갖고 싶은 것만 선택해서 구입하는 사람이 늘고 있습니다.

Amazon의 '나중에 구입하기' 사례

서비스 제공자 입장에서 '지금 즉시 구입하면 좋겠다'가 본심이지만, 여러분의 비즈니스가 재방문자나 충성 고객에 의해 지탱된다면 '나중에 구매하기' 버튼이나 '찜 목록'의 도입을 검토하기 바랍니다.

'나중'이 유효한 경우는 또 있습니다. 구매 절차가 복잡하거나 시간이 걸리는 상황입니다. 영국의 모 기업 은행의 웹사이트에서 대출 신청 버튼 아래에 있는 카피를 '신청에는 10분가량이 소요됩니다'에서 '나중에 입력하고 싶다면 언제든 현재 내용을 저장할 수 있습니다'로 변경했고, 이후 신청 완료율이 5.1% 향상되었습니다.

사용자 입장에서 중요한 결단이거나, 충분히 생각해야 하는 상황이라면 '나중이라도 괜찮습니다', '여러분의 속도에 맞춰 신청할 수 있습니다'와 같이 말하는 것이 좋습니다.

테스트할 수 있는 것 또는 테스트 사용 기간을 전달한다

■ 사람에게는 상호성의 원리가 동작한다

'무료 체험판(테스트)'은 신중한 고객에게 부담감을 덜어 주는 마법의 단어입니다.

우선 지금 당장 비용을 지불하지 않아도 되므로 고객의 입장에서는 심리적 장벽이 상당히 낮아집니다. 또한 대부분의 고객은 그 상품이나 서비스가 자신에게 적합한지 판단하기 위한 유예 기간이 필요하다고 생각하므로 서로 간의 불일치를 막을 수 있습니다.

무엇보다 사람에게는 '상호성의 원리'라는 심리 작용이 동작합니다. 상대방으로부터 어떠한 호의를 받으면 자신도 그만큼 돌려주어야만 한다는 감정을 갖는 것입니다. 서비스 제공자가 먼저 무료로 서비스를 제공함으로써 이후 구입으로 연결될 가능성은 점점 높아집니다.

무료 체험 서비스를 준비한 후 컨버전 버튼의 마이크로카피로 내용을 전달해 봅시다. 지금 비용을 지불할지 고민하는 고객의 걱정을 덜어 주는 것입니다.

ABEMA 프리미엄의 회원 가입 버튼

Netflix의 회원 가입 버튼

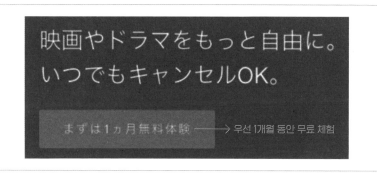

숫자로
전달한다

■ 절차를 진행하는 데 소요되는 대략의 시간을 미리 전달한다

번거로움을 싫어하는 사람에게 온라인 견적, 계좌 개설, 설문 응답 등의 절차는 상당히 신경이 쓰이는 작업입니다. 시간이 얼마나 걸리는지도 알 수 없으므로, 가능한 빠르게 끝내고 싶다는 생각이 간절할 것입니다.

이런 상황에 효과적인, 이미 효과가 검증된 해결 방법이 있습니다. 절차를 진행하는 데 소요되는 대략의 시간을 미리 전달하는 것입니다.

전기 요금 온라인 견적을 제공하는 네덜란드 기업에서는 '지금 바로 계산하기'와 '1분 만에 계산하기' 버튼으로 테스트를 진행한 결과 '1분 만에 계산하기' 버튼을 사용했을 때 견적을 내는 고객이 16%나 향상되었다는 결과를 얻었습니다.

Eneco의 견적 버튼

A 패턴(개선 전)

B 패턴(개선 후)

개선 후 견적 수 16% 증가

■ 구체성은 설득력을 높인다

마이크로카피에 숫자를 사용하면 주장의 구체성과 설득력도 높일 수 있습니다. 디지털 음악 스트리밍 서비스인 Spotify에서는 프리미엄 무료 체험 신청 화면에서 '3개월간 무료로 시작하기' 버튼을 사용합니다.

Spotify의 무료 체험 버튼

다음 사례는 마케팅 도구를 제공하는 click funnels의 무료 체험 신청 버튼입니다. '14일간 무료 체험 시작하기', '30일간 환불 보장', '언제든 해지 가능', '24시간 365일 지원' 등 숫자를 적극적으로 사용하고 있습니다.

click funnels의 무료 체험 신청 버튼

앞의 사례들처럼 버튼과 그 주변에 마이크로카피를 사용할 때는 '모호한 표현'을 피하고 '구체적인 숫자'를 사용할 방법은 없는지 잘 검토해 봅시다. 헤드라인이나 보디 카피를 주의 깊게 읽지 않는 사용자에게도 서비스의 가치를 효과적으로 전달할 수 있습니다.

바꿀 수 있는 모호한 용어 목록

- 많은 사람이 → 132명 이상의 사람이
- 대부분의 클라이언트가 → 97%의 클라이언트가
- 금방 → 2영업일 이내에
- 빠른 발송 → 1시간 이내에 발송
- 짧은 지연 → 15분 지연
- 대폭적인 개선 → 30%의 개선

■ 숫자 표기 방법에는 요령이 있다

숫자를 표기할 때는 몇 가지 요령이 있습니다. 간단한 질문을 하나 해 보겠습니다. 다음 2가지 중 여러분은 어떤 쪽이 더 길게 느껴지나요?

- 7일 이내
- 1주 이내

실제로 2가지 모두 동일한 기간입니다. 하지만, 옥스포드 대학의 한 연구팀에서는 그 사람이 놓인 상황에 따라 숫자에 대한 인상이 달라진다는 것을 발견했습니다.

예를 들어 지금 즉시 결정이 필요한 상황이라면 좀 더 구체적인 것을 생각하며, '숫자'에 주의를 기울입니다(다음 그림의 A). 반면, 긴급하지 않는 상황이라면 추상적인 것을 생각하며 '단위'에 주의를 기울입니다(다음 그림의 B).

판단할 때까지의 기간의 길이

그래서 어떻다는 것일까요? 좀 더 구체적인 사례로 예를 들어 보겠습니다. 여러분이 고객에게 상품의 도착 예정을 전달한다면 다음과 같은 방식으로 마이크로카피를 설계하는 것이 좋습니다.

상품의 도착 예정을 전달하는 카피 설계

지금 상품의 구입을 검토하고 있는 고객에게는 숫자가 작아 보이는 방식을 사용합니다. 이 경우는 '1주 이내'에 해당합니다. 한편, 이미 상품 주문을 마쳤고, 도착을 기다리는 고객에게는 단위가 작아 보이는 방식으로, '7일 이내'라고 전달합니다.

이렇게 전달하는 방식에 약간의 연출을 더함으로써 고객에게 '상품이 곧 도착할 것'이라는 이미지를 줄 수 있습니다.

사회적 증명의 원리를
사용한다

■ 자신보다 타인의 판단을 더 신뢰한다

처음 방문한 거리에서 라멘 가게를 찾을 때 '한산한 가게보다, 줄이 긴 가게 쪽이 맛있겠지?'라고 생각할 것입니다. 우리들은 무언가를 판단할 때 대세의 판단에 의존하는 경향이 있습니다. 이것을 '사회적 증명의 원리'라고 부릅니다. 이 원리를 마이크로카피에 응용하면 고객을 안심시키고, 행동의 리스크가 낮음을 전달할 수 있습니다.

예를 들어 kakaku.com(https://kakaku.com/)이라는 일본의 웹사이트에서 자동차 보험 견적 서비스에는 '지난달의 사용자 수는 40,024명'이라는 마이크로카피로 서비스 실적과 신뢰성을 함께 전달하고 있습니다.

kakaku.com의 자동차 보험 견적 서비스 신청 버튼

개인 정보 보호를 중시하는 검색 엔진 DuckDuckGo에서는 확장 기능 추가 버튼 아래에 사회적 증명을 이용한 마이크로카피를 사용했습니다. 각각 다른 시기에 DuckDuckGo에 접속했을 때 서로 다른 2종류의 마이크로카피를 확인할 수 있었습니다. 별이나 숫자를 이용한 평점 등 여러분의 사이트에서 도 이런 방식으로 테스트해 보는 것을 어떨까요?

DuckDuckGo의 확장 기능 추가 버튼

태스크 관리 도구 Todoist와 같이 자사의 클라이언트 기업을 소개하는 것도 좋은 아이디어입니다. 세계적 기업도 이용한다고 하면 서비스의 신뢰성이 한 층 향상될 것입니다.

Todoist의 클라이언트 실적

■ 주의! 다크 패턴은 사용하지 않는다

시회적 증명을 이용한 메시지를 사용할 때 주의할 점이 있습니다. 웹사이트에 표시하는 숫자나 실적은 사실에 근거해야 한다는 것입니다. 허위 정보는 사용자를 속이는 행위이며, '다크 패턴'이라 불리는 기만적인 방법입니다. 다크 패턴은 고객을 속여서 구매를 유도하거나 서비스에 가입하도록 설계된 사용자 인터페이스를 의미합니다.

마이크로카피는 사용자의 의사 결정에 큰 영향을 미치므로 숫자나 실적을 사용할 때는 충분한 주의를 기울여야 합니다.

절약할 수 있는 것을
전달한다

■ 절약은 쇼핑에서 무엇보다 큰 장점이다

절약할 수 있다면 쇼핑이 한층 즐겁지 않을까요? 태스크 관리 도구를 제공하는 jooto(https://www.jooto.com/)에서는 쿠폰 코드를 발행해서 체험판 등록을 독려합니다. 직설적으로 '30일간 무료'라고 전달하는 것도 좋지만 쿠폰 코드를 선물하여 등록률을 크게 향상시킬 수도 있을 것입니다. 여러분도 다음 사례를 참고하면서 카피를 변경하여 A/B 테스트를 진행해 보기 바랍니다.

jooto의 체험판 등록 쿠폰

✔ 무료로 테스트하기

베이직 플랜(1,780엔/월)을 무료로 사용할 수 있는 쿠폰 L5aYz4PVmw 배포 중!

카드 결제 단말기를 제공하는 Square에서는 여러 서비스를 비교하고 있는 사용자를 고려해 결제 수수료의 저렴함(타사보다 절약할 수 있는 것)을 포인트로 삼았습니다.

Square의 등록 버튼

> # 결제 수수료 3.25%　지금 바로 시작하기

■ 절약한 것을 전달하면 서비스의 가치가 한층 높아진다

Uber Eats에서 제공하는 Eats 패스는 월 980엔을 지불하면 배송 회수에 관계없이 배송 수수료가 무료인 구독 서비스입니다. Eats 패스 이용자의 관리 화면에는 '이 기간 동안 이득을 본 금액'이 표시됩니다. 이처럼 서비스를 이용해서 절약한 금액을 전달하여 이용자에게 서비스의 가치를 한층 더 부각시킬 수 있습니다.

Eats 패스 이용자의 관리 화면

East 패스 이용 상황

8월 08일 ~ 9월 08일

기간 중 이익 본 금액　　　　8,050 엔

추천의 목소리를
전달한다

■ 제삼자의 추천은 고객의 행동을 유도한다

자신의 서비스를 직접 칭찬하는 것보다, 다른 누군가가 추천해 준다면 훨씬 설득력을 높일 수 있을 것입니다. 신뢰도가 높으면서 여러분의 상품이나 서비스를 추천해 줄 만한 사람이 있다면 추천사를 받아서 마이크로카피로 사용해 보세요.

프로젝트 관리 도구 TASKWORLD의 회원 가입 화면에는 메일 주소를 입력하는 폼 근처에 이미 TASKWORLD 서비스를 이용하는 클라이언트의 추천사가 표시됩니다. 이런 추천사는 구매 의욕을 높이고 행동을 독려합니다.

TASKWORLD의 회원 가입 화면

보증, A/S는
'리스크 제로'를 전달한다

■ 보증을 통해 불안을 제거한다

보증이나 지속적인 A/S가 있으면 고객의 리스크를 최소한으로 줄일 수 있습니다.

예를 들어 온라인 학습 사이트인 Udemy에서는 수강 버튼 아래에 '30일간 환불 보장'이라는 마이크로카피를 사용했습니다. 고객의 머릿속에는 '작심삼일로 끝나면 어떻게 하지?', '수업 내용이 만족스럽지 않으면 어떻게 하지?'와 같은 불안감으로 가득할 것입니다. 이런 상황에 30일간 환불 보장이라는 카피가 있다면 '그렇다면 일단…'이라는 생각으로 한 걸음 내딛게 될 것입니다.

Udemy의 수강 버튼

지금 수강하기
30일간 환불 보장

■ 요금이 청구되지 않습니다

예약 버튼 등을 클릭하는 시점에 사용자는 '버튼을 클릭하면 즉시 결제되는 것은 아니겠지?'라는 불안감을 가질 수 있습니다.

이런 고객의 심리를 고려하여 숙박 서비스인 airbnb에서는 예약 버튼 아래에 '아직 청구되지 않습니다.'라는 마이크로카피를 사용하여 사용자가 여행 계획에 좀 더 집중할 수 있도록 배려했습니다. 이런 카피를 사용함으로써 고객의 서비스 이용 경험은 크게 달라집니다.

airbnb의 예약 버튼

작은 후원을
요청한다

■ 부탁은 타이밍이 중요하다

여러분이 무언가 콘텐츠를 무료로 제공한다면 다음과 같은 방법으로 후원(지지)을 요청할 수도 있습니다.

사진 자료를 무료로 다운로드할 수 있는 Pixabay에서는 사용자가 이미지를 다운로드한 직후 '저희에게 커피 한 잔 부탁드립니다.'라는 마이크로카피를 노출합니다. 커피가 노출되는 시점이나 친근한 표현의 말투 등 매우 뛰어난 후원 요청 방법이 아닐까요?

여기에도 '상호성의 원리'가 동작합니다.

Pixabay의 후원 요청 마이크로카피

또한 고객에게 무언가를 제공한 후 SNS에 상품 정보 공유나 리뷰를 요청하는 것도 좋습니다. 작은 것이라고 생각하기 쉽지만 이렇게 이끌어 낸 고객들의 자발적인 지지가 쌓이면 장기적으로는 큰 도움이 될 것입니다. 기회를 놓치지 말고 부탁해 보기 바랍니다.

아이콘의 사용성 향상에
마이크로카피를 사용한다

■ 디자인만으로는 올바른 의미 전달이 어렵다

기능을 나타내는 아이콘도 일종의 버튼이라 부를 수 있습니다. 만약 여러분의 사이트나 애플리케이션에 아이콘을 사용한다면 반드시 마이크로카피(라벨)를 함께 사용하기 바랍니다.

UserTesting(https://www.usertesting.com/)의 테스트 보고에 따르면 하트 아이콘에 '즐겨찾기에 추가'라는 마이크로카피를 붙임으로써 47%, 깃발 아이콘에 '그룹'이라는 마이크로카피를 붙임으로써 159%의 사용성이 향상되었다고 합니다.

아이콘의 사용성에 관한 조사 결과

아이콘에 설명이 포함되어 있으면 사용자는 88%의 확률로 아이콘을 누를 때 어떤 동작을 하는지 올바르게 예측할 수 있게 됩니다.

하지만, 아이콘 이미지만 있고 별도의 설명이 없다면 사용성은 60%로 낮아집니다. 즉, 시각적인 디자인만으로는 의미나 기능을 제대로 파악하기 어려울 수 있다는 의미입니다. 고객이 아이콘을 누를 때 고민하지 않도록 설명을 함께 사용함으로써 사이트의 사용성을 한층 높일 수 있습니다.

아이콘이 의미하는 기능

 즐겨찾기, 저장, 위시리스트에 추가

 즐겨찾기, 북마크, 별 평가

 추가, 편집

 코멘트, 메시지

 반복, 업데이트, 재게시

 공유, 돌아가기, 취소, 회신

 닫기, 삭제

 검색, 줌(확대)

 그룹, 즐겨찾기, 플래그(표시)

이어서 아이콘 또는 카피만 사용한 버튼이 고객의 구매 행동에 얼마나 영향을 미치는가를 보여 주는 데이터를 소개합니다.

해외 거대 통신 판매 사이트인 FAB(https://www.fab.com/)에서는 카트 아이콘만 있는 버튼을 사용했지만, 다음과 같은 2가지 패턴의 버튼을 추가해서 테스트한 결과 B 패턴의 '+장바구니' 버튼 클릭률이 아이콘만 사용했을 때보다 15% 높았고, C 패턴의 '장바구니에 담기' 버튼 클릭률은 무려 49%나 높아졌습니다. 이 실험 결과는 아이콘만 사용했을 때 고객의 행동을 유도하는 힘이 약하다는 것을 확인시켜 줍니다.

FAB의 카트 버튼

링크 텍스트는
사용자와의 '약속'

■ 링크 텍스트와 링크 대상이 일치하는가?

지금까지 몇 가지 버튼의 사례를 소개했습니다. 버튼을 설계할 때 주의해야
할 점은 콘텐츠와의 정합성을 생각하지 않은 카피 작성을 피해야 한다는 것
입니다.

예를 들어 버튼에 '지금 무료로 읽기'라는 카피를 사용했는데, 막상 링크 대상
이 로그인 페이지로 연결되고, 회원 가입이 필수라면 사이트 방문자는 '속았
다!'고 생각하게 됩니다. 등록 절차가 필요하다면 '지금' 읽을 수 없기 때문입
니다.

눈앞의 실적만 생각하고 고객을 속이는 행위를 하면 당연히 신뢰 관계는 깨
집니다. 비즈니스 사이트에서 제휴 블로그까지, 강제로 유도하는 방식은 마
이크로카피의 본질과는 거리가 멉니다. 그러므로 버튼의 카피와 같은 링크
텍스트로 전달한 내용은 링크 대상을 통해 그 '약속'을 지켜야만 합니다.

■ 링크 끊어짐이나 시스템 에러에도 주의해야 한다

또한, 링크 연결 여부도 제대로 확인해야 합니다. 아무리 뛰어난 마이크로카피를 사용했더라도 링크를 눌렀을 때 제대로 연결되지 않는다면 웹사이트조차 제대로 관리하지 못하는 회사라는 불명예를 얻게 될 것입니다. 링크 단절이나 시스템 결함은 그 즉시 서비스의 신뢰성 저하로 이어집니다.

무료로 링크 연결 여부를 확인해 주는 링크 체커 서비스 등을 이용해서 정기적으로 링크 연결 여부를 확인하는 것이 좋습니다. 화면에 보여지는 마이크로카피를 잘 살피는 것은 기본이고, 고객이 경험하는 모든 것을 확인해야 합니다.

4장

가입률을 높이는
회원 가입 페이지의
마이크로카피

고객과의 관계를 유지하기 위해 회원 가입을 요청하는 것은 유효한 전략입니다. 하지만, 과한 개인 정보 요청 등은 고객의 저항감을 높일 수 있습니다. 고객의 회원 가입에 대한 저항감을 낮추는 데 마이크로카피는 중요한 역할을 합니다.

회원 가입을 하지 않아도 서비스를 사용할 수 있는 방법을 제공한다

■ 한 소매 이커머스의 실패 사례

여러분의 비즈니스를 더욱 성장시키기 위해서 고객에게 회원 가입을 유도하는 것은 자연스러운 수순입니다. 회원으로 가입하면 서비스 제공자와 고객 사이의 접점이 늘어날 뿐만 아니라, 재방문 가능성도 높아집니다. 그러나 고객이 회원 가입을 원하는지는 또 다른 이야기입니다.

대표적인 사례로 UIE의 공동 CEO인 Jared Spool이 도왔던 어떤 소매 이커머스의 사례를 소개합니다. 사례의 이커머스에서는 다음과 같은 폼을 사용했습니다.

회원 가입 폼의 사례

메일 주소와 비밀번호 입력 필드, 로그인 버튼과 회원 가입 버튼, 그리고 '비밀번호를 잊어버렸습니까?'라는 링크가 포함된, 어디에서나 쉽게 볼 수 있는 회원 가입 폼입니다. 이 폼은 고객이 원하는 상품을 장바구니에 담고, 구입 버튼을 누르면 나타나도록 되어 있었습니다. 문제는 쇼핑을 하려면 회원 가입이 필수라는 점이었습니다. 제작 팀에서는 고객들이 '(회원)등록을 해 두면 다음 쇼핑부터는 편해지겠지!'라고 생각할 것이라 판단했습니다.

■ 사용자 테스트로 확인한 생각지도 못했던 사실

하지만, 웹사이트에서 쇼핑을 즐겨 하는 사람들의 도움을 얻어 사용자 테스트를 진행해 보니 고객들이 이러한 회원 가입 절차를 싫어했던 것으로 나타났습니다. 테스트에 참여한 많은 사람이 쇼핑을 위해 회원 가입 절차를 진행해야 한다는 것을 알고는 불편함을 느끼기 시작했기 때문입니다.

한 고객은 이렇게 말했습니다. "회원 가입까지 하면서 이 웹사이트를 지속적으로 이용하고 싶은 것이 아니다. 그저 원하는 제품을 구입하고 싶을 뿐이다."

이외에도 사용자 테스트를 진행함으로써 많은 사실을 파악하게 되었습니다.

- 일부 사람은 이 웹사이트에서 쇼핑을 처음 하는 것인지 아닌지 기억하지 못했고, 평소 사용하는 메일 주소와 비밀번호를 입력하는 바람에 로그인하는 데 애먹기도 했다
- 등록 버튼을 누른 사용자들 모두가 등록에 필요한 정보를 알기 이전 단계에서 이탈했다
- 많은 사람이 광고성 메시지 등을 발송하기 위해 고객 정보를 수집한다고 생각한다
- (실제로는 이름, 배송지, 청구지 주소, 지불 정보 등 구입에 필요한 정보만 필요했음에도) 일부 사람은 프라이버시를 침해하기 위한 핑계로 회원 가입을 유도한다고 생각했다.

안타깝게도 이커머스 담당자는 사용자 테스트를 수행하기 전까지 위와 같은 사실을 알지 못했습니다. 즉, 구입까지의 흐름을 자신들의 추측으로만 설계한 탓에 셀 수 없을 정도의 고객을 놓쳤던 것입니다.

■ 연간 수입을 3,000억 원 증가시킨 마이크로카피

앞서 사례의 사용자 테스트 결과를 확인한 Jared Spool의 팀이 도출한 해결책은 단순했습니다. 등록 버튼을 없애고, '계속하기' 버튼을 배치한 후 다음과 같은 마이크로카피를 추가했습니다.

> 쇼핑을 하기 위해 계정을 만들 필요는 없습니다. '계속하기' 버튼을 누른 후 결제를 완료하십시오.
> 향후 보다 편리하게 결제를 하고 싶다면 계정을 만들 수도 있습니다.

이 마이크로카피를 추가함으로써 매출은 무려 45%가 향상되었습니다. 금액으로 하면 월에 대략 1,500만 달러(약 150억 원)의 매출 증가이며, 놀랍게도 폼을 변경한 첫해의 수입은 30억 달러(약 3,000억 원)나 증가했습니다.

현재 사례에서 소개한 이커머스는 2,500억 달러(약 25조 원) 규모까지 성장했습니다. 이 사례에서 학습할 것은 딱 하나, 회원 가입 없이 서비스를 사용할 수 있는 방법을 제공해야 한다는 것입니다.

꼭 필요한 개인 정보만 수집한다

■ 필요 없는 기입란은 하나라도 줄이는 것이 좋다

고객 입장에서 회원 가입이 필요 없는 것만은 아닙니다. 인터넷 쇼핑 시 포인트를 모으거나, 주소 등의 정보를 매번 입력하지 않아도 되는 등 편리한 점도 많습니다. 이커머스뿐만 아니라 웹서비스나 폐쇄형 커뮤니티에서는 회원 가입이 필수입니다.

그러므로 필요에 따라 회원 가입을 요청하되 가입 신청 시 꼭 필요한 정보만 입력할 수 있도록 폼을 만들어야 합니다. 여러분의 회사가 고객에게 어떤 정보를 요청할지는 제공하는 서비스에 따라 다르겠지만, 고객 지원이나 마케팅에 필요로 하는 최소한의 질문만 남겨 두기 바랍니다. 수많은 A/B 테스트 결과가 최종 가입률과 가입 시 입력할 정보의 수에 상관관계가 있음을 증명하고 있기 때문입니다.

여행 예약 서비스인 Expedia에서는 회원 가입 폼에서 고객의 회사명 질문을 삭제하는 것만으로 연간 약 1,200만 달러의 수익을 향상할 수 있었습니다.

Expedia의 회원 가입 폼

A 패턴(개선 전)	B 패턴(개선 후)
카드 소유자 성 [ ] 이름 [ ] 회사명 [ ] 청구서 수령지 번지 [ ] [ ] 도시명 [ ]	**카드 소유자** 성 [ ] 이름 [ ] 청구서 수령지 번지 [ ] [ ] 도시명 [ ]

다음과 같은 테스트 결과를 보면 수익 개선으로 이어진 이유는 분명했습니다.

- 일부 사용자는 '회사명' 필드를 보고 혼란스러워했다
- 일부 사용자는 은행명을 입력하는 것으로 오해했다
- 자신이 이용하는 은행의 주소를 청구서 수령 주소란에 입력하는 사용자도 있었다

위와 같은 이유들로 '회사명' 필드가 있을 때 회원 가입을 시도하던 도중 사이트 이탈로 이어진 경우가 많았습니다. 다시 한번 기억하세요. 고객은 회원 가입에 소극적이므로 필요하지 않은 정보 입력 필드는 줄이기 바랍니다.

회원 가입에 대한 불안을 완화시키고, 동기를 부여하라

■ 같은 메시지를 반복해서 전한다

Netflix에서도 회원 가입 시에 메일 주소(비밀번호)와 청구에 필요한 최소한의 정보만 요구합니다. 여타의 동영상 스트리밍 서비스처럼 이름이나 생년월일 정보조차도 묻지 않습니다.

Netflix의 회원 가입 절차 1

또한 사용자에게 대해 모든 정보를 한 번에 요청하지도 않습니다. 한 화면을 하나의 행동으로 끝내도록, 단계를 나누었습니다. 이렇게 하면 혼란스럽지 않고, 하나의 절차에 집중할 수 있습니다.

Netflix의 회원 가입 절차 2

특히 짚고 넘어갈 부분은 가입 절차인 5개 화면 모두에서 사용자의 불안을 완화시키는 마이크로카피를 활용한다는 점입니다. 문구만 조금씩 바꾸면서 다음과 같은 메시지를 반복해서 전달하고 있다는 것을 눈치챘습니까?

- 가입 절차가 간단하다는 것
- 잠시 후 영화를 시청할 수 있다는 것
- 언제든 취소할 수 있다는 것
- 무제한 시청할 수 있다는 것
- 다양한 시청 환경에 대응할 수 있다는 것

또한, Netflix에서는 회원 가입 도중에 사용자가 해당 페이지에서 이탈하더라도, 다시 돌아왔을 때 이전 페이지부터 재개할 수 있습니다. 사용자가 회원 가입을 원활하게 완료할 수 있도록 마련한 장치입니다.

■ 다양한 콘텐츠를 마이크로카피로 만든다

최근에는 Netflix처럼 마이크로카피 자체가 페이지 콘텐츠의 주역이 되고 있습니다.

모바일의 작은 화면에 표시할 수 있는 정보량에는 한계가 있기 때문입니다. 그러므로 사용자의 심리를 이해하고, 정말로 필요한 정보를 간략하게 전달하는 전략이 필요해졌습니다.

PC 환경도 마찬가지입니다. 사용자는 긴 문장을 선호하지 않으므로 마이크로카피나 항목별로 짧게 정리하는 등의 간결함이 요구되고 있습니다.

물론 문장을 짧고 간결하게 작성할수록 중요한 내용을 놓치는 사용자도 늘어날 겁니다. 그러므로 핵심 메시지라면 Netflix처럼 표현을 바꾸어 가면서 반복해 전달하는 것이 좋습니다.

먼저 자신들의
정보부터 공개한다

회원 가입률을 높이기 위한 방법 중 '서비스 제공자의 정보를 공개하지 않으면 고객도 마음을 열지 않는다'라는 규칙이 있습니다. 오프라인에서 영업을 할 때 자기 소개나 정보는 제공하지 않고 대뜸 본론으로 들어가면 상대방이 당황할 수 있습니다. 온라인에서도 마찬가지입니다. 이른 단계에서 많은 정보를 요구하면 고객은 경계하기 마련입니다.

신뢰 구축의 첫걸음은 '적극적인 정보 공개'입니다. 우리가 어떤 회사인지, 어떤 서비스를 제공하고 있으며, 어떻게 도움이 되는지를 소개하면 좋습니다. 때로는 제품 화면의 스크린샷을 제공하거나 서비스의 내용을 2~3분으로 정리한 영상을 게시할 수도 있습니다. 또한, 서비스 제공자인 여러분 자신이 신뢰할 수 있는 사람 또는 기업임을 적극적으로 전달해야만 합니다.

고객이 필요로 하는 정보	
• 서비스 내용, 상품 설명	• 배송 방법과 배송 기간
• 사이트 이용 방법	• 환불(반품) 보증 유무

- 고객이 얻을 수 있는 이익
- 기본 요금, 수수료, 배송비
- 플랜 비교, 추가 기능, 프리미엄 버전의 요금
- 구체적인 구입 방법
- 고객의 소리(리뷰)
- 회사 개요, 실적
- 블로그, 관련 기사

위와 같은 정보를 제공함으로써 고객은 여러분의 회사를 신뢰할 수 있는지 판단합니다. 그리고 이를 바탕으로 서비스 사용 여부를 고려합니다.

온라인에서의 신뢰 구축은 오프라인의 1:1 커뮤니케이션과 유사합니다. 먼저 자신의 정보를 적극적으로 공개하기 바랍니다.

회원 가입에 정보가
필요한 이유를 전달한다

■ 개인 정보나 서비스와 관계없다고 생각되는 질문은 경계한다

예를 들어 일반적인 웹서비스의 회원 가입 화면에서는 이름, 메일 주소, 사용자 ID, 비밀번호를 등록합니다. 여기까지는 일반적인 정보이므로 아무 문제도 없을 것입니다.

그럼 다음과 같은 정보를 추가로 입력하라고 한다고 여러분은 어떻게 생각할까요?

개인 정보나 서비스와 관계없다고 생각되는 항목	
• 성별	• 전화번호
• 생년월일	• 소유하고 있는 웹사이트의 URL
• 우편번호	• 학력/수입
• 주소	• 설문(어떻게 이 사이트를 알게 되었는가?)

개인 정보는 가능한 입력하고 싶지 않은 것이 고객의 심리입니다. 특히나 서비스와는 관계없다고 생각되는 정보라면 더더욱 입력하고 싶지 않을 것입니다.

■ 고객의 불안을 해소하는 마이크로카피

그러므로 회원 가입 화면에서는 고객이 불안하지 않도록 배려해야 합니다. '내가 왜 이 정보를 입력해야 하는가?'라는 고객의 의문을 납득시킬 수 있도록, 그 이유를 마이크로카피로 제공하기 바랍니다.

예를 들어 Facebook 회원 가입 화면에서는 생년월일 정보가 필요한 이유에 관해 다음과 같이 설명합니다.

Facebook의 회원 가입 화면

Victoria's Secret은 미국 패션 브랜드입니다. 회원 가입을 하지 않고 상품을 주문할 경우 연락처 정보를 입력해야 하는데, '불필요한 홍보성 전화가 걸려오지 않을까?'라는 고객의 걱정을 다음의 마이크로카피로 해소해 줍니다.

Victoria's Secret 주문 화면

필수로 입력하지 않아도 되는 항목이라도 이유를 더하면 기입률을 높일 수 있습니다. 일본의 인기 쇼핑몰인 ZOZOTOWN(https://zozo.jp/)에서는 생년월일을 기입해 두면 좋은 이유를 다음과 같이 전달합니다. 이처럼 고객 입장에서 어떤 장점이 있는가를 마이크로카피로 전달해 보기 바랍니다.

ZOZOTOWN 회원 가입 화면

미국 레스토랑 Mattison's의 회원 가입 화면에서는 생년월일을 요청하는 이유로 생일 축하 선물 제공이라는 마이크로카피를 사용했습니다. 중요한 개인 정보를 요청하는 것이므로, 그에 맞게 적절한 특전을 제공함으로써 고객이 기쁜 마음으로 정보를 제공할 수 있도록 유도하는 좋은 아이디어입니다.

Mattison's 회원 가입 화면

메일 주소 ✉

생일 - 축하 선물 제공 🎂

회원 가입 하기

SNS에 자동으로
게시하지 않음을 전달한다

■ 소셜 로그인에서 사용자가 걱정하는 것

최근 많은 웹서비스에서는 간단한 계정 등록을 위해 소셜 로그인 버튼을 적극적으로 사용하고 있습니다. 편리한 반면, 개인 정보가 잘 지켜지는지 확신할 수 없는 SNS 계정 연동에 불안을 느끼는 사람들도 있는 것 같습니다.

일본의 연애, 결혼 매칭 서비스인 Pairs에서는 개인 정보 유출에 대한 고객들의 불안을 해소해 주기 위해 다음과 같이 로그인 버튼에 'Facebook에는 절대 게시되지 않습니다'라는 마이크로카피를 사용했습니다.

Pairs의 로그인 버튼

편리하지만 개인 정보 유출이라는 위험 요소가 따르는 만큼 SNS를 사용한 소셜 로그인 버튼을 표시할 때는 명확하게 자동으로 게시하지 않는다는 점을 사용자에게 약속하는 것을 추천합니다.

자동으로 게시하지 않음을 약속한다

특히 민감한 개인 정보를 다루는 서비스, 예를 들면 의료, 금융, 다이어트, 결혼이나 출산 등의 카테고리에서는 더더욱 충분한 배려가 필요합니다. 어디까지나 소셜 로그인 기능은 사용자 입장에서 번거로운 절차를 줄이기 위한 기능이지 불신감을 안겨 주기 위한 요인이 되어서는 안 됩니다.

마이크로카피를 템플릿으로
만들지 않는다

■ 생각과 정반대의 결과를 낳은 마이크로카피

이메일을 쓸 때 받는 사람이 실제로 확인해 볼 확률을 높이기 위해 제목을 고민하고, 그것으로 템플릿을 만들어 본 적이 있습니까?

그렇게 완성한 템플릿을 사용한 결과는 어땠나요? 때로는 좋은 결과를 얻었을 수 있지만, '생각한 것만큼 성과가 나지 않았다.'고 하는 분들도 있을 것입니다. 그 이유는 무엇일까요?

수신된 이메일을 보고 클릭해서 확인해 볼 가능성은 발신지, 보낸 사람, 보낸 시간대 등 다양한 영향을 받기 때문입니다. 웹 마케팅에서는 흔히 생각하는 것 이상으로 많은 '변수'가 존재하며 결과에 영향을 미칩니다.

마이크로카피도 마찬가지입니다. 1가지 사례를 소개합니다.

전환율 최적화의 전문가인 Michael Aagaard는 그의 클라이언트인 Betting Experts사의 사이트 개선 프로젝트에 참여했습니다. Betting Experts는 NBA나 프리미어리그 등 스포츠 시합에 베팅할 수 있는 세계 최대의 SNS

애플리케이션을 서비스하고 있습니다.

Michael Aagaard는 사이트 개선 중 웹페이지에 개인 정보에 관한 언급이 없는 것을 문제점으로 파악했습니다. Michael Aagaard는 경험적으로 '사용자는 개인 정보 유출에 대한 불안을 안고 있다'라는 가설을 세웠고, 애플리케이션의 신규 회원을 보다 많이 유치하기 위해 다음과 같이 '개인 정보 100% 보호, 스팸 메일은 보내지 않습니다.'라는 마이크로카피를 회원 가입 화면에 추가했습니다.

Michael Aagaard가 개선한 회원 가입 화면 1

Betting Experts 회원으로 가입하기

사용자 이름

이메일

비밀번호

☐ 사용 조건에 동의합니다.
개인 정보 100% 보호, 스팸 메일은 보내지 않습니다.

회원 가입 하기

회원 가입 비율 18.70% 감소

결과는 어땠을까요? 생각했던 것과 정반대의 결과로 이어졌습니다. 개선 전보다 회원 가입 비율이 18.70%나 감소한 것입니다.

■ 마이크로카피를 변경하여 회원 가입 비율은 높였으나…

다소 당황스러운 결과를 확인한 Michael Aagaard는 '스팸이라는 단어가 사용자에게 좋지 않은 인상을 줬을 것이다.'라는 가설을 세웠습니다.

기존 마이크로카피에서 '스팸'이라는 단어를 제거하고 '저희는 100% 개인 정보를 보호합니다. 여러분의 개인 정보는 공유되지 않습니다.'라는 카피로 변경하였습니다.

Michael Aagaard가 개선한 회원 가입 화면 2

Betting Experts 회원으로 가입하기

사용자 이름

이메일

비밀번호

□ 사용 조건에 동의합니다.
저희는 100% 개인 정보를 보호합니다.
여러분의 개인 정보는 공유되지 않습니다.

회원 가입 하기

회원 가입 비율 19.47% 향상

마이크로카피를 변경한 후에는 2만 257명의 페이지 방문자 중에서 380명이 회원으로 가입하였습니다. 회원 가입 비율이 19.47% 향상된 결과였습니다.

■ 다른 사이트에서는 정반대의 결과가 나왔다

마이크로카피 개선으로 회원 가입 비율이 향상되었으니 Betting Experts사의 문제는 해결된 셈입니다. 하지만 Michael Aagaard에게는 새로운 과제가 생겼습니다. '이번에 잘된 패턴이 다른 웹사이트에서도 작용할까?'라는 의문이 남았기 때문입니다.

결국 Michael Aagaard는 의문을 해소하기 위해 ContentVerve.com의 자료 다운로드 화면에서 A/B 테스트를 진행했습니다. ContentVerve.com의 자료 다운로드 화면에는 '스팸'이라는 단어가 포함되어 있었으므로 Betting Expert사에서의 성공 사례에 따라 '100% 개인 정보를 보호합니다'로 바꾸었습니다.

Michael Aagaard가 개선한 서비스 다운로드 화면

A 패턴(개선 전)

메일 주소

무료로 e-book 다운로드하기

100% 개인 정보 보호. 스팸은 절대로 보내지 않습니다.

B 패턴(개선 후)

메일 주소

무료로 e-book 다운로드하기

100% 개인 정보를 보호합니다.

다운로드 비율 24% 감소

이번에도 마이크로카피 개선 후 원하는 결과를 얻을 수 있었을까요? 이번에는 다운로드 비율이 24%나 감소했습니다.

■ 마이크로카피는 다양한 요소의 영향을 받는다

마이크로카피를 변경하면서 A/B 테스트를 진행하다 보면, 어떤 고객사에서는 잘 되었던 해결책이, 다른 곳에서는 잘 되지 않는 사례가 종종 있습니다. 그것은 콘텍스트(문맥), 고객(사용자)층, 페이지 구성 등이 다르기 때문입니다.

여러분이 경쟁사의 마이크로카피를 참고하여 영감을 얻을 수는 있지만, 그것을 만능 템플릿처럼 사용해서는 안 됩니다. 반드시 자사의 제품이나 서비스에 맞춰서 최적화해야 합니다. 금고의 비밀번호를 알아내기 위해 청진기를 들고 다이얼을 좌우로 조정하는 것처럼, 확실하게 '맞추는' 과정을 생략하지 않도록 주의해야 합니다.

고객이 놓인 상황이나 심리 상태를 제대로 파악했을 때 비로소 마이크로카피는 본연의 기능을 발휘합니다.

회원 가입으로 얻을 수 있는
장점을 전달한다

■ **회원 가입 화면에서 사용할 수 있는 클릭 트리거**

회원 가입을 유도하는 클릭 트리거를 소개합니다.

프로젝트 관리 도구를 제공하는 Basecamp에서는 다음과 같이 지난주에 몇 개의 기업이 신규로 가입했는지를 마이크로카피로 소개하면서 서비스의 지지율과 신뢰성을 어필하고 있습니다. 이것은 앞에서 소개했던 심리 트리거인 '사회적 증명'을 사용한 마이크로카피입니다. 사용자의 결단을 유도하는 강력한 동기 부여 장치로 작동하게 됩니다.

Basecamp의 회원 가입 화면

지난주에 1,638개의 기업이
추가로 가입했습니다.

CRM 서비스를 제공하는 Intercom에서는 메일 주소만으로 계정을 개설할 수 있습니다. 또한, 가입 폼 위쪽으로 14일 무료 평가판(14-day free trial)을 제공하며 '신용 카드 정보가 필요하지 않다(No credit card needed)'는 것을 마이크로카피로 추가했습니다. 이 모든 장치는 고객의 행동 장벽을 낮추는 데 도움이 됩니다.

Intercom의 회원 가입 화면

■ 회원 가입에서 얻을 수 있는 장점은 다양

회원 가입 화면에서는 고객이 얻을 수 있는 장점을 반드시 전달해야 합니다. "우리 사이트는 회원으로 가입 시 별다른 장점이 없다."라고 이야기할 수도 있습니다. 하지만 잘 생각해 보세요. 절대 그럴 리 없을 것입니다. 사소하더라도 잘 찾아보면 다음과 같은 장점을 찾을 수 있습니다.

회원 가입 시 고객이 얻을 수 있는 장점

- 1번의 클릭으로 가입 가능
- 주소 자동 입력
- 결제 정보 자동 입력
- 위시 리스트(나중에 구입)
- 주문 이력 확인
- 배송 상황 확인
- 무료 배송, 수수료, 업그레이드
- 회원 한정 쿠폰, 할인, 우대
- 추가 특전, 선물
- 커뮤니티 초대

정보량을 한 번에 소화할 수 있는 크기로 조정한다

■ 마이크로카피를 작성할 때 최적의 문자 수는?

마이크로카피에는 간결함이 요구된다는 것은 알고 있을 겁니다. 그렇다면 가장 이상적인 문자 수는 어느 정도일까요? 다음과 같이 흥미로운 데이터가 있습니다.

2020년 10월, YAHOO! JAPAN에서는 13.5자에서 16.5자까지의 다양한 헤드라인을 준비한 후 각 헤드라인에 대한 인식 속도와 기사 내용에 대한 정확한 이해 정도를 조사했습니다. 설문 대상자로는 YAHOO! JAPAN의 직원 149명, 일반 사용자 1,000명이 포함되었습니다.

조사 결과 '기사 내용을 정확하게 파악할 수 있는 제목인가?'라는 질문에서 15자 이상일 때 좋은 평가가 나왔고, 제목을 인식하는 속도에서는 문자 수에 따른 차이가 확인되지 않았습니다.

이러한 조사 결과를 바탕으로 YAHOO! JAPAN에서는 2021년 4월, 최대 13.5자였던 헤드라인의 길이를 14.5자로 변경했으며, 2022년 1월에는 15.5 자로 변경했습니다.

마이크로카피를 설계할 때는 짧고 간결한 것이 기본입니다. 하지만 짧게 작성하는 것에만 집착해 본래의 목적을 잃어버리면 의미가 없습니다. 간결함과 내용 전달 사이의 적절한 균형을 찾는 것이 필요합니다.

YAHOO! JAPAN의 조사 결과를 기억하세요. 그리고, 마이크로카피에 1~2자를 추가함으로써 이해력을 높일 수 있다면 문자 수를 늘리는 것을 두려워하지 않아도 됩니다.

마이크로카피를 문자가 아니라 목적 달성을 위한 도구나 장치 정도로 생각하기 바랍니다.

■ 글머리 기호 사용도 효과적

상품이나 서비스의 가치를 전달할 때 글머리 기호_{Bullet}를 사용하면 매우 효과적입니다. 특히 읽는 사람의 시선을 집중되는 컨버전 버튼 주변에서 글머리 기호를 활용하면 큰 효과를 기대할 수 있을 것입니다.

해외의 웹사이트인 ContentVerve.com에서는 별다른 특징이 없는 메일 매거진 구독 폼을 사용하다가 '무료로 최신 정보 얻기' 버튼 위쪽에 다음과 같이 3가지 특징을 글머리 기호와 함께 추가함으로써 메일 매거진 구독률을 83.75% 향상시킬 수 있었습니다. 이러한 구독률 향상은 글머리 기호를 사용하여 표현한 메일 매거진의 내용이 명확하게 전달되었기 때문이라고 판단됩니다.

ContentVerve.com의 메일 매거진 구독 화면

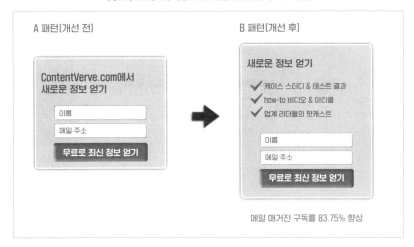

A 패턴(개선 전)

ContentVerve.com에서
새로운 정보 얻기

이름

메일 주소

무료로 최신 정보 얻기

B 패턴(개선 후)

새로운 정보 얻기

✔ 케이스 스터디 & 테스트 결과
✔ how-to 비디오 & 아티클
✔ 업계 리더들의 팟캐스트

이름

메일 주소

무료로 최신 정보 얻기

메일 매거진 구독률 83.75% 향상

사용자의 행동을
안내한다

■ 포인트는 사용자가 생각하지 않아도 되도록 하는 것

업무 자동화 서비스인 mailchimp(https://mailchimp.com/)의 회원 가입 폼에서는 사용자가 보다 강력한 비밀번호를 만들 수 있도록 마이크로카피를 사용했습니다. 비밀번호를 작성할 때 필요한 각 조건에 부합할 때마다 체크 표시가 바뀌며, 5개의 조건이 모두 만족해야만 '회원 가입' 버튼을 클릭할 수 있게 됩니다.

mailchimp의 회원 가입 화면

비밀번호	👁 비밀번호 표시

```
•••
```

✓ 소문자 1개
✕ 대문자 1개
✕ 하나의 숫자
✕ 하나의 특수 문자
✕ 최소 8자

온라인 스토리지 서비스인 Dropbox에서는 보안에 대한 우려가 많은 사용자들을 위해 강력하고 안전한 비밀번호를 설정할 수 있도록 힌트를 제공합니다. 비밀번호 입력 폼에서 추측하기 어려운 비밀번호 작성 요령을 알려줌으로써 사용자는 자신감을 갖고 비밀번호를 기입할 수 있습니다.

Dropbox의 비밀번호 작성 요령

이처럼 마이크로카피를 사용하여 고객의 걱정을 해소해 주면서 동시에 입력 조건에 충족되지 않아 에러 메시지가 표시되는 상황을 방지하여 원만하게 등록을 완료하도록 안내합니다. 여기서 포인트는 '사용자가 생각하지 않도록 해야 한다는 점'입니다.

등록 정보를
변경할 수 있음을 전달한다

■ 우유부단한 사용자를 구원하는 한 마디 '나중이라도 괜찮다'

계정을 만들 때 자신에게 딱 맞는 ID가 생각나지 않아 곤란했던 적이 있지 않았나요?

웹로그Weblog 서비스인 Tumblr에서는 '블로그명은 나중에 바꿀 수 있습니다.'라는 마이크로카피를 추가했습니다. 지금 바로 결정하지 못해 곤란함을 겪는 사용자를 구원하는 한 마디입니다. 더 이상 선택 장애로 고생하지 않고 다음 단계로 넘어갈 수 있을 것입니다.

Tumblr의 블로그명 설정 폼

Welcome to Tumblr

곧 완료됩니다. 블로그명은 무엇으로 하겠습니까?
블로그명은 나중에 바꿀 수 있습니다.

the-microcopy

게이머들이 주로 사용하는 커뮤니케이션 도구인 Discord에서도 마찬가지입니다. '어떤 멋진 사용자명(닉네임)을 사용하지?'로 고민하면서 다음 단계로 나아가지 못하는 사용자에게 '추후 언제든 변경할 수 있습니다!'라는 한 줄의 마이크로카피를 이용해 구원의 손길을 내밀고 있습니다.

Discord의 사용자명 설정 폼

사용자명 설정

닉네임을 입력하십시오

추후 언제든 변경할 수 있습니다!

Memo

5장

손쉽게 독자를 늘리는 메일 매거진 구독 폼의 마이크로카피

여러분이 이미 알고 있듯, 메일 매거진은 강력한 마케팅 도구의 하나입니다. 하지만, 잠재 고객의 '받은 메일함'은 이미 수많은 메일로 가득 차 있기 때문에 구독률을 높이기는 쉽지 않을 것입니다. 이번에는 마이크로카피를 활용해 손쉽게 구독자를 늘리는 방법에 관해 소개합니다.

적절한 위치에
메일 매거진 구독 폼을 배치한다

■ 효과적으로 메일 매거진 구독의 동의를 얻는 방법

고객이 메일 매거진을 구독한다면 장기적으로 관계를 이어갈 수 있는 장점이 있습니다. 그렇다고 무턱대고 고객의 동의도 없이 임의로 메일 매거진을 보내서는 안 되겠지요? 그러므로 고객이 메일 매거진 수신에 동의하는 구독 폼을 적절하게 이용해야 합니다.

메일 매거진 구독 폼을 배치할 수 있는 위치는 다양합니다. 전용 랜딩 페이지를 제공하거나 블로그의 사이드바, 웹사이트의 푸터Footer 또는 팝업 창에 표시하기도 합니다. 하지만, 고객과의 관계를 이어갈 수 있는 중요한 장치인 만큼 위치 선정이 중요합니다.

가능한 트래픽이 많은 페이지, 페이지 내에서도 쉽게 눈에 띄는 위치에 설치하는 것이 좋습니다.

사이트에서 높은 등록률이 예상되는 영역	
• 전용 랜딩 페이지	• 사이트 상단 알림 바
• 페이지의 퍼스트 뷰 영역	• 팝업 창
• 푸터	• 감사 페이지
• 사이드바 상단	• 체크 아웃 페이지(메일 매거진 등록 체크 박스)

또한, 구독 폼은 한 군데보다는 두 군데에 설치하는 편이 등록률을 높일 수 있지만, 사용자의 행동에 방해되지 않는지 주의해야 합니다. 게시글을 읽거나 다른 작업을 진행하고 있는데 여러 차례 메일 매거진 등록 폼이 나타난다면 고객은 거부감을 느끼게 될 것입니다. 메일 매거진 등록 폼을 설치하는 페이지나 위치, 표시 시점은 충분한 테스트가 필요합니다. 그러므로 마이크로카피를 고민하기 전에, 우선 설치 위치 등에 대한 테스트부터 진행하기 바랍니다.

위치 선정 등이 끝났다면 이제는 메일 매거진 구독 폼의 버튼이나 주변에 어떤 마이크로카피를 사용할지 고민하면 됩니다.

브랜드의 '다움'을 각인시킨다

■ 지루한 제목은 '우리의 메일 매거진은 따분하다'와 같은 의미

마이크로카피를 활용해 메일 매거진의 구독률을 높이려면 어떤 가치를 제공할 수 있는지 전달하는 것이 중요합니다. 그럼에도 일부 대기업의 메일 매거진 구독 폼에서 다음과 같이 평범한 헤드 카피들이 눈에 띕니다.

- 메일 매거진 구독 신청은 이쪽으로
- 메일 매거진 구독 폼
- 메일 매거진 회원 모집 중

위 3가지는 단순히 메일 매거진을 구독할 수 있다는 것만 전달할 뿐, 구체적으로 무엇을 제공하고 있는지에 관해서는 아무런 언급이 없습니다. 이래서는 마치 "우리가 제공하는 메일 매거진은 따분해!"라고 말하는 것과 다르지 않습니다.

그러므로 메일 매거진 구독률을 높이기 위해 '정말로 살을 빼고 싶은 분들을 위한 7일간의 메일 강좌', '워드프레스 3주 마스터'와 같이 메일 매거진의 가치를 전달할 필요가 있습니다. 행동하는 방법이 아니라, 행동을 통해 얻을 수 있는 가치를 알려 주는 것입니다.

■ 리드 카피는 메일 매거진의 내용을 전달하는 표지

헤드 카피뿐만 아니라 리드 카피를 잘 활용함으로써 메일 매거진에 대한 흥미를 높일 수 있습니다.

리드 카피는 여러분의 메일 매거진의 내용(분위기, 콘텐츠)을 전달합니다. 이는 마치 책의 표지와 같은 역할을 합니다. 브랜드의 '다움'이나 개성을 한 페이지에 표현해 보세요.

Lobsterr Letter의 리드 카피

Lobsterr Letter는 전 세계 미디어에서 '변화의 밑거름'이 될 만한 스토리를 큐레이트하는 위클리 뉴스 레터입니다. 짧은 분량으로 수박 겉핥기와 같은 비판이 아닌 분석과 고찰, 패스트푸드와 같은 뉴스가 아닌 마음과 머리의 양식이 되는 인사이트를 전달합니다.

어지러울 정도로 빠르게 변화하는 사회에서 잠깐 멈춰 심호흡을 하면서 생각할 수 있는 계기를 제공합니다.

YourAddress@mail.com

Subscribe

리드 카피 예시

GOOD BEER HUNTING(세계 수제 맥주 정보 제공)
새로운 수제 맥주 여행, 신상품 출시, GBH 이벤트와 세계 각지의 사건 등 최신 정보를 전달합니다. 좋은 의미로 술을 즐기고 싶어지는 메일 매거진입니다.

FURTHER(자기 계발)
여러분의 목표, 퍼포먼스, 가능성을 최대한으로 끌어내는 뉴스레터를 주 1회 발신하며 건강, 부, 지혜, 여행에 관한 엄선된 정보를 있는 그대로 전달합니다.

GREATist(건강, 피트니스 관련 커뮤니티)
유익한 건강 조언, 운동 관련 아이디어, 맛있는 레시피 등을 무료로 전달

noshOn.It(요리 레시피)
블로거들이 엄선한 레시피, 요리 노하우를 전해 드리는 뉴스레터에 등록

UX DESIGN WEEKLY(UX 디자인 정보)
18,000명 이상의 구독자와 함께, 여러분도 최고의 UX 디자인 관련 링크 모음을 받아 보시지 않겠습니까? 매주 월요일에 발행합니다.

Campaign Monitor(이메일 마케팅)
디지털 마케터, 디자이너, 대리점 등 20만 명 이상의 등록자와 함께, 여러분도 실용적인 마케팅 조언을 월 2회 받아 보시지 않겠습니까?

New York Times(신문사)
뉴욕 타임즈 기자와 편집자가 추천하는 인터넷의 화제 뉴스들을 전달합니다.

Hacker News(큐레이션 계열의 비즈니스 메일 매거진)
스타트업, 테크놀로지, 프로그래밍 등에 관한 훌륭한 정보들을 주 1회 뉴스레터로 소개. 모든 링크는 Hacker News에서 엄선합니다.

구독 폼 영역에서 추천사나
스팸 대책, 발신 빈도를 전달한다

■ 추천의 목소리가 있다면 가치를 높일 수 있다

메일 매거진 구독률을 높이고 싶을 때도 이미 구독 중인 고객 등의 추천사를
적극적으로 활용하기 바랍니다.

Read This Thing에서는 월스트리트저널 편집자의 추천사를 클릭 트리거로
사용하고 있습니다.

Read This Thing의 구독 폼

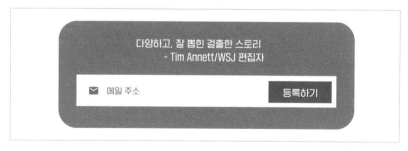

■ '스팸 메일은 보내지 않습니다'라는 선언도 효과적

또한, 메일 매거진을 구독할 때의 걱정거리로 스팸 메일을 떠올릴 수 있습니다. 대부분의 사람들이 적극적으로 메일 매거진을 구독하지 않는 이유도 스마트폰이나 PC의 메일 수신함에 읽고 싶지 않은 메일이 도착하는 것이 싫기 때문입니다.

그러므로 대개는 '개인 정보를 제삼자에게 제공하지 않습니다.', '스팸 메일은 보내지 않습니다.'와 같이 흔한 마이크로카피를 사용합니다. 하지만, GatherContent(https://gathercontent.com/)에서는 뻔한 내용보다는 다음과 같이 형식에 얽매이지 않고 이모티콘까지 추가하여 친근한 느낌을 주었습니다.

GatherContent의 구독 폼

주간 뉴스레터에 등록하세요

메일 주소   등록하기

콘텐츠 전략에 흥미가 있는 분들께 도움이 되는 정보를 전달합니다. 노 스팸 👍

■ 버튼 문구에 '전송'은 NG

버튼도 마찬가지입니다. 자신의 개인 정보를 인터넷에 '전송'하고 싶은 사람은 없을 것입니다.

3장의 버튼 작성 방법들을 참고하여 '지금 바로 구독하기' 또는 '무료로 받기'

등으로 A/B 테스트를 진행해 보기 바랍니다. 행동하는 방법(전송)이 아니라 행동함으로써 얻을 수 있는 가치를 전달합시다.

COPYHACKERS(https://copyhackers.com/)에서는 조언을 필요로 하는 디지털 마케팅 담당자들을 위해, '무료로 도움을 받는다'라는 헤드라인에 맞춰 유니크한 'Help!' 버튼을 사용하고 있습니다.

COPYHACKERS의 구독 폼

| Email Address | Help! |

■ 메일 발송 빈도를 미리 알려서 스팸 메일 취급을 막는다

여러분이 만약 마케터라면 메일 발송 빈도를 어느 정도로 할지 고민한 적이 있을 것입니다.

마케팅 콘텐츠를 제공하는 기업인 MarketingSherpa의 조사에 따르면 스팸 메일 신고를 한 경험이 있는 사용자 472명 중 45.8%가 메일 발신 빈도가 너무 높은 것을 스팸 메일 신고의 이유로 꼽았습니다.

서로 간의 인식 차이를 막기 위해서라도 '주에 1~2회 발송합니다', '월 1회 발송합니다', '매주 금요일+월요일 아침 메시지'처럼 미리 발송 빈도를 전달하는 것이 좋습니다. COPYHACKERS는 다음과 같이 '매주 1통 정도 메일을 발송합니다'를 추가해 대략적인 발송 빈도를 전달하고 있습니다.

START GETTING FREE HELP

I send approximately 1 email per week

매주, 1통 정도 메일을 발송합니다.

| Email Address | Help! |

We won't send you spam. Unsubscribe at any time.

Powered by ConvertKit

브랜드의 개성에 맞는
고유한 팝업을 사용한다

■ '방해되는 팝업'을 역으로 활용한 마이크로카피

메일 매거진 등록 폼을 팝업으로 표시할 때 도움이 될 만한 사례를 소개합니다.

WaitButWhy(https://waitbutwhy.com/)는 수학에서 인생 철학까지 폭넓은 주제의 에세이를 다루는 미국의 인기 블로그입니다. WaitButWhy의 글쓴이는 개성적인 문장으로 유명하며, 팝업에 사용한 마이크로카피에서도 능력을 유감없이 발휘하였습니다.

WaitButWhy의 팝업 1

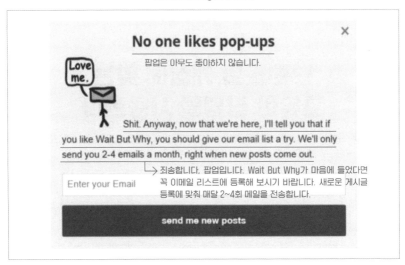

WaitButWhy의 팝업 2

메일 매거진의 푸터에는
구독 취소 링크를 삽입한다

■ 읽고 싶어 하지 않는 독자를 끌어들여도 의미가 없다

모 리서치 기업의 조사에 따르면 구독 취소 링크를 삽입하지 않은 메일 매거진은 전체의 40%를 넘는다고 합니다.

메일 매거진의 푸터에는 반드시 구독 취소 링크를 삽입하기 바랍니다. 마케팅 관점에서도 읽고 싶어 하지 않는 독자를 무리하게 끌어들인다 한들 의미가 없기 때문입니다. 굳이 구독 취소 링크를 숨기는 것은 사용자를 기만하는 방법이며, 고객의 신뢰를 저버리는 행위입니다.

온라인 요가 교실인 Yoga with Adriene의 메일 매거진 푸터에는 다음과 같이 'Adriene에서 보내는 메일이 너무 많아요? 구독을 취소할 수 있습니다.'라는 마이크로카피를 사용한 구독 취소 링크가 포함되어 있습니다. 비록 독자(고객)와 인연이 끊기는 상황이더라도 친근한 어투를 사용하여 마지막까지 좋은 인상을 남기고 있습니다.

Yoga with Adriene의 메일 매거진 푸터

■ 'Fitts의 법칙'을 악용한 다크 패턴

2012년 Barack Obama 선거 팀에서는 구독 취소를 줄이기 위한 A/B 테스트를 수행했습니다. 메일 푸터에 삽입하는 카피를 4가지 패턴으로 준비하고 가장 취소율이 낮은 패턴을 특정했습니다.

이들이 수행한 방법은 'Fitts의 법칙'을 악용한 다크 패턴이라 할 수 있습니다. Fitts의 법칙은 간단하게 이야기해서 '가까이 위치한 큰 버튼은 멀리 위치한 작은 버튼보다 클릭하기 쉽다'는 법칙입니다.

즉, Fitts의 법칙은 고객이 사용하기 쉬운 웹사이트를 설계하기 위해 매우 중요하게 생각해야 할 방법이지만, 사용자가 하지 않았으면 하는 행동이 있을 때, 반대로 이 법칙을 사용한 것입니다.

일반적으로 독자들은 메일 매거진의 구독을 해지하고 싶을 때 메일 푸터에서 'Unsubscribe(구독 취소)' 링크를 찾습니다. Barack Obama 선거 팀 메일 매거진에서도 원래 'Unsubscribe' 링크를 푸터에 표시했지만, 이것을 'here'로, 11자에서 4자로 줄였습니다.

그 결과, 클릭할 수 있는 영역이 7자의 길이만큼 감소했을 뿐만 아니라 앞뒤의 모든 문장을 읽지 않으면 'here' 링크가 무엇을 의미하는지 쉽게 파악되지 않게 되었습니다.

Barack Obama 선거 팀에서 진행한 구독 취소 링크의 A/B 테스트

A 패턴(개선 전)

This email was sent to: bwonch@barackobama.com
Update address | Unsubscribe

B 패턴(개선 후)

This email was sent to: bwonch@barackobama.com.
Update your email address here.
If you'd like to unsubscribe from these messages, click here.
Click here to contact the campaign with any questions or concerns.

A/B 테스트를 진행한 결과, 등록 해제율이 0.034%에서 0.014%로 줄었습니다.

테스트 결과

메일 수신자	구독 취소 수	전체 대비 비율
578,994	195	0.034%
578,814	79	0.014%

시작할 때 이야기한 것처럼 강제로 구독 취소를 막는다고 좋을 것은 없습니다. 그러므로 구독 취소 링크는 알기 쉽도록 확실하게 표기해야 합니다. 단순히 구독률만 고려해 설계하는 바람에 사용자가 불편함을 느끼게 해서는 안 됩니다. 이런 사실을 간과한다면 결국 사용자의 불만으로 이어지고, 비즈니스에도 악영향을 미치게 됩니다.

감사 페이지에도
마이크로카피를 더하자

■ **서비스 사용 직후에는 다양한 컨버전의 가능성이 높다**

감사 페이지란 사용자가 무언가 행동을 완료했을 때 표시되는 페이지입니다. 상품 구입, 메일 매거진 구독, 자료 다운로드 등 사용자가 무언가 작업을 끝낸 순간에는 추가적으로 다양한 부탁을 들어줄 가능성이 높아집니다.

명함 관리 서비스를 제공하는 Sansan에서는 문의 폼에서 메시지를 송신하면 완료 화면에 '공식 SNS를 팔로우'를 추가했습니다. 대단히 사소한 것일지도 모르지만 이 페이지가 표시된 횟수만큼 고객과 연결될 새로운 기회가 만들어집니다. 완료 페이지에서는 추가적인 행동을 제안해 봅시다.

Sansan의 감사 페이지

문의해 주셔서 감사합니다.

문의 접수가 완료되었습니다.
문의하신 내용은 최대한 빠르게 답변드리겠습니다.
자동으로 수신 완료 메일을 보내 드리며, 수신 완료 메일이 도착하지 않았다면 다시 한번 문의를 남겨 주시거나 당사로 연락 부탁드립니다.

공식 SNS를 팔로우하시면
Sansan의 최신 정보를 얻을 수 있습니다.

■ 추가 제안이 효과적인 상황

메일 매거진 구독의 완료 페이지를 포함하여 '추가 제안'이 효과적인 상황이 있습니다. 다음과 같은 페이지처럼 고객이 가치가 있는 콘텐츠를 손에 넣었을 때 또는 어떤 행동을 수행한 직후에 추가 제안을 제시해 보세요.

추가 제안이 효과적인 경우	
• 상품 구입 완료 페이지	• 데모 신청 완료 페이지
• 서비스 신청 완료 페이지	• 견적 의뢰 완료 페이지
• 웨비나 등록 완료 페이지	• 자료 요청 후

단, 추가 제안 내용은 충분히 고려해야 합니다. 지나치게 광고성 느낌이거나, 집요하다고 생각되면 고객의 마음은 멀어집니다. 서비스를 제공하는 입장에서 판매하고 싶은 것이 아니라, 고객의 입장에서 가치 있다 생각할 수 있는 것을 제안합시다.

확실하게 메일이나 제안을
받을 수 있도록 안내한다

■ 자주 발생하는 문제는 마이크로카피로 해결할 수 있다

메일 프로그램의 자동 분류 기능이 여러분의 메일 매거진을 스팸으로 분류할 수 있습니다. 이런 문제를 해결하기 위해 구독 절차 완료 화면에 다음의 마이크로카피를 추가한다면 메일 매거진 확인 가능성을 높일 수 있습니다.

> 2~3분이 지나도 메일이 도착하지 않는다면 스팸 메일로 분류되지 않았는지 확인해 주세요.

위와 유사하게 마이크로카피로 해결할 수 있는 문제는 여러 가지가 있습니다. 예를 들어 '다운로드' 버튼을 클릭했는데도 자동으로 다운로드가 시작되지 않거나, PDF 문서 파일이 열리지 않는 상황에 대비하여 다음과 같은 마이크로카피를 추가해 두면 확실하게 행동을 완료할 수 있습니다.

> 자동으로 다운로드가 시작되지 않으면, 여기를 클릭하기 바랍니다.
>
> 이 파일을 열기 위해서는 Adobe Reader를 설치해야 합니다. 설치 방법은 여기를 참조하기 바랍니다.

Do Not Reply 메일은
사용하지 않는다

■ Do Not Reply는 고객과의 접점을 줄인다

여러분도 noreply@xxxx.xx나 donotreply@xxxx.xx로 시작하는 다음과
같은 메일을 받아본 적이 있을 것입니다.

Do Not Reply 메일의 예

보낸 사람: OO 온라인 스토어
<donotreply@example.com>
제목: 주문 감사합니다!

OO님, <회사명>입니다.
주문 감사합니다.
상품 발송이 준비되는 대로 아래의 주소로 발송하겠습니다.

<고객의 배송지 주소>

다음번에도 이용 부탁드립니다.

[중략]

※ [주의] 본 메일은 시스템에서 자동으로 발송되었습니다.
본 메일에 회신을 하더라도 문의에 대답할 수 없음을 양해해 주시기 바랍니다.

이와 같은 형태의 발신자 메일 주소는 대기업의 자동 답변에서 자주 사용됩니다. 자동 답변 메일에 직접 회신을 받으면 고객 지원 업무에 지장이 생기기 때문입니다. 분명 하루에 수백만 건의 주문을 받는 이커머스나 기술적인 문의를 많이 받는 기업이라면 전용 창구를 통하지 않고 문의하는 고객에 대한 대응을 위해 최소 1~2번 정도는 실랑이를 벌여야 할 것입니다.

그렇다고, 이 사례와 같이 무작정 고객의 회신을 차단하는 방식은 권장하지 않습니다. 고객과의 귀중한 접점을 줄이는 꼴이 됩니다.

■ 쉽게 질문할 수 있도록 하는 것이 중요하다

고객 서비스_{Customer Service}라는 용어가 세상에서 사용되기 이전부터 이 분야의 전문가로 알려져 있는 컨설턴트인 Betsy Sanders는 저서에서 고객 클레임에 관한 중요한 통계 데이터를 제시합니다.

- 클레임을 거는 고객 중 구체적인 원인을 이야기하는 이는 4%에 지나지 않는다. 나머지 96%는 어떠한 이유로 화가 났고, 다시 돌아오지 않는다.
- 클레임이 1건이라면 비슷한 문제를 겪을 수 있는 사람은 평균 26명이다. 그중 6명은 상당히 심각한 문제에 직면해 있을 것으로 추정한다.
- 클레임을 거는 고객 중 56~70%는 해당 문제가 해결되면 다시 계약을 하고 싶다고 생각한다. 재계약 비율은 문제 해결이 신속하게 수행될 경우 96%까지 치솟는다.
- 불만이 있는 고객은 그것을 평균 9~10명에게 이야기하며, 13%의 고객은 20명 이상에게 이야기한다.
- 문제가 해결된 고객은 그것을 5~6명에게 이야기한다.

이와 같은 통계 데이터를 보면 쉽게 질문할 수 있도록 하는 것이 비즈니스 개선에 얼마나 중요한 역할을 하는지 알 수 있을 것입니다. 고객으로부터의 연락을 차단하거나 문의 폼을 노력해서 찾도록 하는 것은 고객으로부터의 귀중한 피드백을 놓치는 동시에 악평을 얻게 되는 것입니다.

■ 메일 주소나 발신자명에서도 개방적인 자세를 어필한다

따라서 고객의 눈에 띌 수 있는 여러 위치에서 친근함과 함께 개방적인 자세를 보여야 합니다. 예를 들어 고객 지원 부분에서는 다음과 같은 메일 주소를 준비하는 것도 좋습니다.

고객 지원 메일 주소 예

- support@xxxx.xx	- pleasereply@xxxx.xx
- team@xxxx.xx	- helpdesk@xxxx.xx
- talk@xxxx.xx	- canwehelpyou!@xxxx.xx
- sayhello@xxxx.xx	- Wehearyou@xxxx.xx
- happyhelp@xxxx.xx	

메일을 받았을 때 보낸 사람의 메일 주소가 위와 같다면 '어쩐지 이야기를 들어줄 것 같다…'고 생각하지 않을까요?

적어도 'Do-Not-Reply'와 같은 메일 주소가 주는 위압감은 없을 것입니다.

6장

지원 의지를 담은
고객 지원 페이지의
마이크로카피

고객 지원(문의) 페이지는 사이트 구석에 감추어 두는 경우가 많고, 그 구성도 입력 폼과 전송 버튼만 덩그러니 놓인, 신뢰감이 느껴지지 않는 형태가 대부분입니다. 마이크로카피를 잘 활용하면 고객 지원 페이지에서도 신뢰감을 높일 수 있고, 고객과의 커뮤니케이션 속도도 높일 수 있습니다.

Basecamp에서
고객 지원 정신을 배운다

■ 고객 지원 페이지는 고객 응대 담당자와 동일한 역할을 한다

고객 지원 페이지에서 항상 좋은 메시지만 전달되는 것은 아닙니다. '상품 설명이 알기 어렵다', '도저히 연락이 되지 않는다'와 같은 클레임이 주를 이루기도 합니다. 1건의 문의를 처리하는 데도 상당한 시간이 소요되는 것은 흔한 일이고, 대응 인원이 적다면 더욱 힘겨운 상황이 될 것입니다.

그렇다고, 고객의 문의를 기피해서는 안 됩니다. 고객의 피드백 하나하나에는 고객의 입장에서만 볼 수 있는 소중한 의견이 포함되어 있습니다. 이러한 고객의 의견이나 문의를 진솔하게 받고, 개선을 거듭할수록 기업의 성장 속도도 빨라집니다.

실제로, 미국의 모 리서치 업체의 조사에 따르면 고객의 70%는 뛰어난 고객 지원을 제공하는 기업에 보다 많은 비용을 사용한다고 밝혀졌습니다. 잠재적인 고객은 고객 지원 페이지를 유심히 살펴보는 경향이 있으며, 우수한 품질의 고객 지원은 충성도 높은 고객으로 바꾸는 계기가 됩니다.

■ 온정이 넘치는 Basecamp의 지원 페이지

그렇다면 고객 지원 페이지에서는 어떤 카피를 사용해서 고객을 환영해야 할까요?

만족도가 높은 고객 지원 페이지의 예로 Basecamp(https://basecamp.com/)의 사례를 소개합니다.

Basecamp의 고객 지원 페이지

위 이미지는 Basecamp의 고객 지원 페이지 화면입니다.

캐리커처이기는 하지만 고객은 응대해 주는 담당자의 얼굴을 보는 것만으로도 안심하게 될 것입니다. 실제 고객 응대 담당자가 있는 것처럼 고객 지원 페이지에 방문했을 때 따뜻한 첫인상을 남겨 보세요.

만약, 여러분의 고객 지원 페이지에 방문한 고객이 위압감을 느꼈거나 차가운 인상을 받았다면 아마도 전문 용어가 많거나 '사람 냄새'가 나지 않기 때문일 수 있습니다. 페이지 자체의 첫인상을 중요하게 생각하기 바랍니다.

문의에 대한 답변 예상 시간을 전달한다

■ '앞으로 얼마나?'를 알면 기다리기 쉽다

디즈니랜드의 어트랙션에는 반드시 대기 시간이 표시됩니다. '앞으로 얼마나?'를 모른 채 무작정 기다리는 것은 고통스러운 일이기 때문입니다. 들뜬 상태의 고객을 화나지 않도록 하기 위한 전략이기도 합니다.

마찬가지로 여러분의 사이트에 문의를 남기는 고객도 자신의 순서가 어서 돌아올 것을 기대하고 있습니다. Basecamp에서는 이러한 고객의 심리를 잘 파악하여 '문의하신 후 약 3분 이내에 답변을 드립니다'라는 마이크로카피를 사용하여 예상 시간을 미리 안내하고 있습니다.

Basecamp의 마이크로카피

Friendly folks, standing by.

Always humans, never bots. The hands-down, sharpest and friendliest support team in the biz. Contact us and we'll get back to you in about **3 minutes**.

Basecamp의 지원팀은 고객이 기다리는 시간을 1초라도 단축하기 위해 지속적으로 개선하고 있습니다.

Basecamp와 같은 빠른 지원은 어렵더라도 고객이 불안한 상태 그대로 기다리지 않도록 해야 합니다. 그러므로 예상 시간을 미리 전달하는 것이 중요합니다. 예를 들어 '신속한 지원을 제공합니다'라는 다소 모호한 카피보다는 '24시간 이내에 회신합니다'와 같이 좀 더 구체적인 내용을 전달하면 고객은 안심하고 기다릴 수 있습니다.

사이트의 도움말 페이지로
링크를 연결한다

■ 고객 스스로 해결할 수 있다면 그것이 가장 좋다

고객 문의 페이지를 이용하기 전에 고객이 스스로 문제를 해결할 수 있도록 하는 것이 가장 좋은 방법입니다. 그러므로 튜토리얼이나 FAQ, 도움말 페이지가 있다면 마이크로카피를 이용해 알려 줘야 합니다. Basecamp에서는 아래와 같이 튜토리얼(learning center), 도움말(help guides), Twitter를 이용한 문의(Ask us a quick question on Twitter)로 빠르게 이동할 수 있도록 텍스트 링크를 사용했습니다.

Basecamp의 마이크로카피

How can we help you?

Check out the videos in our **learning center** or read our **help guides**.
Ask us a quick question on Twitter to get a near-instant reply.

도움말 페이지를 어떤 내용으로 채울지 모르겠다면 사내에 축적된 데이터부터 조사하는 것이 가장 좋습니다. 예를 들어 지금까지 가장 문의가 많았던 질문을 확인해 보세요. 고객이 힘들게 찾거나 고민하지 않고도 원하는 것을 완료할 수 있도록 중요한 페이지에 대한 링크를 눈에 띄는 위치에 표시하십시오.

또한, 고객 응대가 힘들다는 이유로 전화번호 등의 연락처를 숨기지 않도록 해야 합니다. 그러면 제품이나 서비스에 대한 궁금증이 생긴 시점에 고객의 불만은 더욱 커질 것이며, 결국 제품이나 서비스를 넘어 기업 자체에 대한 부정적인 인상을 심어 주게 될지도 모릅니다.

형식에 구애받지
않도록 한다

■ 필요한 최소한의 항목을 자유 기입으로

고객이 문의를 남기기 위해 사용할 폼을 준비할 때는 형식에 구애받지 않고 가능하면 자유롭게 기입할 수 있도록 설계하기 바랍니다.

단, 항목은 꼭 필요한 것 위주로 최소한으로 준비합니다. 불필요하게 개인 정보를 물어보거나, 설문을 받거나, 메일 매거진 등록을 요청하는 것은 삼가야 합니다.

■ 개인 정보 이전에, 무엇이 곤란한지부터 묻는다

질문의 순서도 중요합니다. 고객은 궁금한 것이 있기에 고객 지원 페이지에 방문했을 것입니다. 그러므로 갑자기 개인 정보 등을 묻는 것이 아니라 고객이 어려움을 겪은 것 또는 궁금해하는 것이 무엇인지부터 입력하도록 합니다.

단계적으로 심리적인 저항이 적은 질문부터 중요한 질문(답변에 필요한 개인 정보)으로 진행하면 마지막까지 원활하게 답변을 받을 수 있습니다.

Basecamp의 마이크로카피

What do you need help with? REQUIRED
This helps make sure you get the right answer fast.

Please select one...	⌄

What's your question, comment, or issue? REQUIRED
Share all the details. The more we know, the better we can help you.

위 Basecamp의 예시에서도 첫 번째 질문으로 지원 페이지 방문의 목적을 묻고, 그 후에 구체적인 문제를 작성할 수 있도록 하였습니다. 또한, 각 질문에는 마이크로카피를 이용하여 왜 이 질문이 필요한지를 설명하고 있습니다.

작은 영역이라도 놓치지 않고
신경을 써라

■ 세세한 카피에도 꼼꼼하게 신경 쓰기

10명 중 한두 명만 알아채더라도 고객을 미소 짓게 할 수 있다면 꼼꼼하게 신경을 쓰기 바랍니다. Basecamp에서는 고객 지원팀의 캐리커처와 함께 '행복한 수요일 보내세요! Basecamp 지원팀으로부터!'라는 메시지를 추가했습니다.

Basecamp의 마이크로카피

Happy Wednesday from all of us at Basecamp support!

이어서 푸터 영역에는 '남은 화요일을 행복하게 보내세요!'라는 메시지가 있습니다. 이 메시지들은 간단한 코딩으로 요일별 메시지를 표시한 것뿐이지만, 이런 세세한 요소만으로도 고객에게 같은 시간을 공유하고 있다는 느낌을 전달할 수 있습니다.

Basecamp의 푸터 영역 마이크로카피

고객 지원 페이지가 차가운 인상을 주는 단순한 웹사이트의 페이지 중 하나 정도로 취급되지 않도록 해야 합니다. 화면 너머에 있는 지원팀의 숨소리가 느껴지는 생생한 인상을 남기도록 노력이 필요합니다.

세세한 것이라도 꼼꼼하게 신경 쓴다면 고객들도 '이 기업은 이런 곳까지 신경을 쓰는구나'라는 긍정적인 인상을 갖게 될 것입니다.

기입 항목이 많을 때는
약속의 체크 박스를 사용한다

■ **사람은 일관성을 갖고 마지막까지 행동하려고 한다**

온라인 견적이나 사무 처리를 위한 신청 폼은 아무래도 기입 항목이 많습니다. 아래는 어떤 주택 대출 회사의 신청 폼에 있는 '네! 오늘 더 나은 금리를 제공받을 준비가 되었습니다!'라는 마이크로카피를 사용한 체크 박스입니다.

주택 대출 회사에서 사용한 약속의 체크 박스

> ☐ **YES! I am ready for a better rate today!**

■ **왜 이런 체크 박스를 사용했을까요?**

사례의 신청 폼은 모든 항목을 기입하는 것이 무리라고 생각될 만큼 많은 항목이 포함되어 있었습니다. 신청을 완료할 때까지 평균 20분 정도가 걸리므로 사이트 방문자 중 대부분이 중도에 이탈했습니다.

주택 대출 회사의 대출 신청 폼 형태

▲ 상세한 개인 정보를 필요로 하는 폼에서는 30개 이상의 항목을 작성하곤 한다

고객의 중도 이탈을 막기 위해 약속의 체크 박스를 설치했으며, 이후 신청 폼 작성 완료율이 무려 11%나 향상되었고, 월간 신청 수가 수백 건까지 증가했습니다.

이것은 사회 심리학자 Robert B. Cialdini의 저서에서 소개된 일관성의 원칙을 이용한 것입니다. 어떤 행동을 유도하기 전에 상대의 입장을 명확하게 하거나, 이제부터 수행할 것임을 공언하도록 함으로써 사람은 일관성을 갖고 마지막까지 행동하려고 한다는 원칙입니다. 인내력이 필요한 곳에서 사용할 수 있는 마이크로카피입니다.

Memo

7장

원만한 작성을 돕는 플레이스홀더의 마이크로카피

사용성을 생각했을 때 입력 폼에 입력 예시로 작성해 놓은 플레이스홀더 텍스트는 주의해서 다루어야 합니다. 적절한 사용 방법으로 사용자가 원활하게 행동하도록 도움을 줄 수 있어야 합니다.

사라지면 곤란한 정보는
라벨에 표시한다

■ 입력 폼에 작성되어 있는 입력 예시, 플레이스홀더

플레이스홀더Placeholder란 입력 폼에 미리 작성해서 사용자들의 원활한 입력을 돕는 예시입니다. 예를 들어 메일 주소 입력 폼에 아래와 같이 임의의 메일 주소가 작성되어 있는 것을 본 적이 있을 것입니다. 플레이스홀더는 일반적으로 옅은 회색 문자로 되어 있으며, 대부분 커서를 올리면 그 내용이 지워집니다.

플레이스홀더의 예

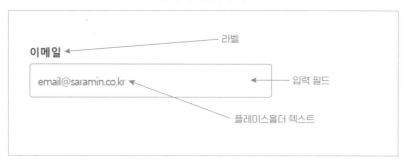

■ 플레이스홀더에는 사용성의 문제가 있다

사용성 분야의 일인자인 Jakob Nielsen은 입력 폼에 플레이스홀더를 사용하지 말라고 이야기합니다.

> 입력 폼의 플레이스홀더 텍스트는 사용자가 입력을 시작하면 지워져 버리므로, 사용자의 단기 기억에 부하를 미친다. 또한, 시각이나 인지 능력에 장애를 가진 사용자에게는 한층 부담을 준다.
>
> – Jakob Nielsen

예를 들어 라벨이 없고, 플레이스홀더만 있는 입력 폼이라면 사용자가 정보를 입력하려고 필드를 클릭하는 순간 플레이스홀더 텍스트가 사라져 버립니다. 그러면, 일부 사용자는 무엇을 입력해야 하는지 확인할 수 없게 됩니다. 결국 입력을 취소하고 입력 필드가 아닌 곳을 클릭해서 다시 한번 플레이스홀더 텍스트를 확인해야 합니다. 편리하다고는 말하기 어려운 상황인 것입니다.

문제가 있는 플레이스홀더 예 1

비밀번호

문제가 있는 플레이스홀더 예 2

비밀번호

비밀번호는 대문자와 소문자, 숫자를 조합해서 8문자 이상

필드를 클릭하면 비밀번호 작성 기입 규칙이 사라져 버리므로, 짧은 시간에 규칙을 기억하기 어렵다.

이런 일련의 입력 작업은 항목이 1~2개 정도로 적을 때는 큰 문제가 없을 수 있으나 항목이 많아질수록 사용자의 단기 기억에 부담을 주게 됩니다. 즉, 사용자가 머리를 써야 하는 상황이 됩니다. 또한, 최종 작성이 끝난 폼을 전송하기 전에 올바른 정보를 기입했는지 체크할 수 없다는 것도 큰 단점입니다.

■ 힌트는 라벨에 표시하는 것이 원칙

따라서 '여기에 무엇을 입력해야 하는가?'라는 라벨을 사용해서 표기하고 추가 정보나 힌트가 필요하다면 필드의 바깥에 표시합니다. 그래야만 입력 중에 중요한 정보가 사라지지 않습니다.

좋은 예 vs. 좋지 않은 예

좋은 예

비밀번호: 8문자 이상 필요

좋지 않은 예

비밀번호

최근에는 입력 필드를 클릭했을 때 플레이스홀더 텍스트가 아예 사라지는 것이 아니라 왼쪽 위에 작게 표시되는 형태로 사용하기도 합니다. 가능하다면 이런 방법을 사용하는 것도 좋습니다.

Expedia의 플레이스홀더 텍스트

필자가 진행했던 프로젝트의 A/B 테스트에서는 메일 매거진의 개인 정보 수집 동의를 얻는 옵트인Opt In 폼의 플레이스홀더를 비워 두었을 때 목표 달성률이 58.43% 향상되었습니다. 사용성 원칙에 따라 플레이스홀더의 유무에 따른 A/B테스트를 진행해 보는 것도 효과적입니다.

패턴		웹 테스트 세션	컨버전 수	컨버전 비율	A 패턴과 비교	A 패턴을 상회할 가능성
☑ ● A 패턴(플레이스홀더 있음)		263	49	18.63%	0%	0.0%
☑ ● B 패턴(플레이스홀더 없음) ⊘		166	49	29.52%	▲ 58.43%	99.2%

사용자가
행동하도록 안내한다

■ 대화하는 듯한 어투를 사용한다

플레이스홀더를 절대 사용하지 말라는 말은 아닙니다. 예를 들어 자유 입력 필드 등에서는 사용자가 어떤 것을 작성할지 당황하지 않도록 플레이스홀더를 사용해서 친절하게 안내할 수 있습니다. 대표적으로 Facebook의 'OOO님, 무슨 생각을 하고 계신가요?'는 우리에게 친숙한 플레이스홀더입니다.

Facebook의 플레이스홀더

플레이스홀더를 사용해 사용자에게 가이드를 제공하고, 행동으로 이끄는 예는 이외에도 많습니다. 프레젠테이션 도구인 Prezi의 회원 가입 화면에서는 입력 항목을 제대로 채울 때마다 친근한 느낌으로 말을 걸듯이 표현했습니다.

이처럼 대화하는 듯한 인터랙티브한 반응은 사용자에게 즐거움, 안심, 감동과 같은 신선한 경험을 선사합니다.

Prezi의 회원 가입 화면

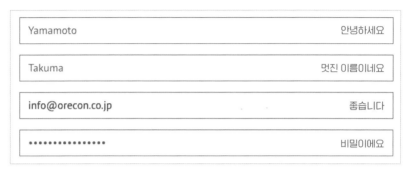

최근에는 사용자에게 말을 거는 유형의 플레이스홀더를 사용하는 검색 창도 늘어나고 있습니다. 실제 사람과의 대화처럼, 자연스러운 커뮤니케이션이 가능하다는 점에 주목하기 바랍니다.

airbnb의 검색 창

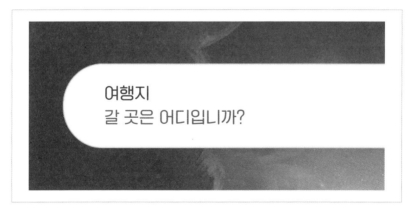

■ 검색 힌트를 전달한다

일본의 이커머스인 kakaku.com의 검색 창에서는 '무엇을 찾고 계십니까?'
라는 질문형 플레이스홀더에 더해 브랜드나 제품명, 카테고리 등의 검색 힌
트 제공합니다. 또한 검색 창 바로 아래에 주목할 키워드 목록이 오른쪽에서
왼쪽으로 흐르도록 표시함으로써 현재 가장 인기 있는 제품이 무엇인지 알려
줍니다.

kakaku.com의 검색 창

Q 무엇을 찾고 계십니까? (메이커, 제품 카테고리, 제품명, 형번..)	검색	★ 인기 키워드

주목할 키워드 ◀	냉각 상품	선풍기·서큘레이터	전동 킥보드	목 쿨러	비닐 풀	에어컨 쿨러	건담 칼 ▶

350만 개 이상의 요리 레시피가 게재된 일본의 웹사이트인 cookpad에서는
요리명이나 식재료명으로 검색할 수 있습니다. 계절에 맞는 인기 식재료를
키워드로 표시하는 등 원하는 요리 레시피를 찾기 위해 무엇으로 검색해야
할지 모르는 사용자들도 편리하게 이용할 수 있습니다.

cookpad의 검색 창

| Q 요리명 · 식재료명 ▾ | 레시피 검색 |

간단 두부 무 소면 두부볶음 ❯

■ 사용자를 즐겁게 만드는 유니크한 마이크로카피

플레이스홀더에 사용되는 마이크로카피에는 사용자를 즐겁게 만드는 유형도 있습니다.

예를 들어 카드 방식의 태스크 관리 서비스를 제공하는 Trello에서는 회원 가입 화면에서 이름 입력 필드에 옛날 영화 주인공의 이름을 무작위로 표시하는 등 플레이스홀더를 색다르게 활용해서 사용자를 향수에 젖게 만들기도 합니다.

다음 예시에 있는 회원 가입 화면의 이름 입력 필드에 있는 Dana Scully는 90년대부터 2000년대 초반까지 인기를 구가했던 SF TV 시리즈인 〈X 파일〉에 등장했던 여성 FBI 특별 조사원의 이름입니다. 메일 주소의 도메인명도 이름과 연관지어 dana.scully@fbi.gov로 되어 있습니다. 이외에도 〈스타트렉〉의 캐릭터나 비디오 게임의 캐릭터명이 나타나기도 합니다.

Trello의 회원 가입 화면

Create a Trello Account

Name

e.g., Dana Scully

Email

e.g., dana.scully@fbi.gov

Password

e.g., ············

Create New Account

Do you have a Google Account?

Sign up with Google

Already have an account? Log in.

e.g.는 Exempli Gratia를 줄인 것으로 '예를 들어'라는 의미

숙박 예약 사이트인 Booking.com(https://www.booking.com/index.ko.html)에서는 플레이스홀더를 이용해 사용자에게 다음과 같이 말을 겁니다.

"세상에는 아직 모르는 곳이 가득합니다…. 자, 여행을 떠납시다!"

사용성을 고려하면 다소 긴 문장으로 보이지만 사용자의 기분을 자극하기에 충분합니다.

Booking.com의 플레이스홀더

목적지, 숙박 시설명 또는 주소

세상에는 아직 모르는 곳이 가득합니다… 자, 여행을 떠납시다!

체크인 날짜   체크아웃 날짜

체크인   ⌄   체크아웃   ⌄

업무용 채팅 도구인 Slack에서는 검색 창에 마우스 커서를 올리면 무작위 메시지가 표시됩니다. 해당 도구의 용도와 쓰임 등을 제공함으로써 사용자의 행동을 장려하는 아이디어입니다.

Slack의 검색 창에 표시되는 무작위 메시지

Q 토론, 디렉터리, 데이터 등 검색

Q 여기저기에서 메시지, 파일 등을 찾아보세요.

Q 적절한 위치를 탐색 중입니다.

Q 파일, 정보, 수치 및 통계 검색

Q 아카이브를 자세히 살펴보고 답변을 찾아보세요. 기쁜 일이네요.

사이트의
검색 창 사용을 돕는다

■ 검색을 하는 사용자는 구매할 의사가 충분하다?

27개의 웹사이트의 데이터를 통해 '검색 창을 사용하는 사람은 사용하지 않는 사람보다 서비스 이용/구매 가능성이 2배 이상 높다'는 사실이 밝혀졌습니다.

런던의 에이전시인 Branded3에서 수행한 조사에서는 사이트 내 검색 기능을 사용하지 않은 사용자의 평균 전환율이 2.41% 였던 것에 반해, 사이트 내 검색 기능을 사용한 사용자의 평균 전환율은 5.45%로 2배 이상 높았습니다. 다른 마케팅 기업의 조사 보고서에서도 같은 내용들을 찾아볼 수 있는 것으로 봐서 사이트 내 검색 기능 이용 여부는 매출과 밀접한 관계가 있음에 틀림 없습니다.

Amazon의 검색 창

검색 창은 가능한 크고 눈에 띄게 설계한다.
Amazon의 검색 창은 상단 바에서 절반 이상을 차지할 정도로 크다.

마이크로카피를 사용해 사이트 내 검색 기능 사용을 늘리는 방법을 소개하기에 앞서 먼저, 여러분의 웹사이트에서 검색이 어느 정도 사용되고 있는지 파악해 봅시다.

■ 사이트 내 검색 사용 상황을 파악하는 방법

사이트 내 검색 사용 상황은 Google 애널리틱스를 사용하면 확인할 수 있습니다. 단, 초기 설정에서 검색 현황 추적 관련 기능이 해제 상태로 설정되어 있을 수 있으므로 반드시 활성화해야 합니다.

Google 애널리틱스에서 사이트 내 검색 현황 추적 기능을 설정하면 어느 정도의 사용자가 사이트 내 검색 기능을 사용하고 있는지 알 수 있습니다. 또한 검색 쿼리를 확인함으로써 방문자가 실제로 찾아보는 검색 키워드를 추출할 수도 있습니다. 이러한 검색 키워드를 특정할 수 있다면 제품명이나 제품 상세 페이지에 사용할 용어를 최적화할 수 있으므로, 고객이 검색 기능을 사용했을 때 결과로 '검색 결과가 없습니다'가 표시되는 상황을 예방할 수 있습니다.

> 사용자가 입력한 단어가 데이터베이스에 들어 있지 않은 경우는 항상 존재한다. 우리들은 검색 결과에 아무것도 일치하지 않는 경우, 사이트를 이탈할 가능성이 2.5배 높아지는 것을 발견했다.
>
> – Eva Mans(분석가)

검색 결과가 일치하지 않는 경우가 하루에 단 몇 건이라도 1년으로 환산하면 상당한 판매 기회를 놓치고 있는 셈입니다. 사용자들이 검색하는 단어들을 파악하고, 콘텐츠 내에 그 키워드를 사용하거나 상품명에 조합하는 등의 방법으로 테스트해 봅시다. 잠재 고객의 머릿속에 있는 키워드를 매출로 연결시키는 좋은 방법이 될 것입니다.

■ 검색 창에 플레이스홀더를 삽입한다

사이트 방문자가 실제로 검색하는 키워드를 특정했다면 그 키워드 중에 실제 구매로 이어진 비율에 따라 정렬한 후 검색 창에 플레이스홀더 텍스트로 입력하세요. 특히나 이커머스처럼 상품 수가 다양하다면 Zappos.com처럼 구매율이 높은 키워드의 상위 카테고리를 표시하는 것도 좋습니다.

Zappos.com의 검색 창

일본의 음식점 검색 및 예약 사이트인 Tabelog에서는 '지역·역명', '키워드', '예약일', '시간', '인원수'와 같이 음식점을 예약하고자 할 때 제일 먼저 찾아보는 정보를 순서대로 검색 폼을 구성하여 배치했습니다.

Tabelog의 검색 창

고객이 사용하기 쉬운, 마음 편한 사이트로 개선하는 비결은 고객의 머릿속에 있는 용어들을 그대로 사용하는 것입니다. 여러분이 만든 용어, 사내 용어, 전

문 용어는 사용하지 마십시오.

이러한 검색 키워드 분석 방법은 검색 창의 플레이스홀더뿐만 아니라 카테고리명이나 글로벌 메뉴에도 응용할 수 있습니다. 데이터에 기반해서 마이크로카피를 배치하면 사이트 사용률을 크게 높일 수 있을 것입니다.

사용자의 사용 방법에 맞춘
마이크로카피를 넣는다

■ '무엇을 하고 있나요?'에서 '무슨 일이 일어나고 있나요?'로 바뀐 이유

마이크로카피는 한 번 설계하고 끝이 아닙니다. 사용자의 상황에 맞춰 항상 변화시켜야 합니다.

예를 들어 Twitter의 친숙한 메시지인 '무슨 일이 일어나고 있나요?'라는 마이크로카피는 2009년경에는 '무엇을 하고 있나요?'였습니다.

Twitter의 게시 폼

 무슨 일이 일어나고 있나요?

🖼 GIF ≔ ☺ 🗓 ◉   트윗하기

이러한 메시지 변경에 관해 Twitter의 공동 창업자인 Biz Stone은 공식 블로그에서 다음과 같이 말했습니다.

예를 들어 샌프란시스코에 있는 누군가가 '무엇을 하고 있나요?'라는 물음에 대한 답으로 '훌륭한 커피를 즐기고 있어요'라고, 그야말로 바로 그 순간의 상황을 이야기하는 경우가 있습니다. 하지만 Twitter를 전체적으로 살펴보면 이런 개인의 감상에 관해서만 서로 이야기를 나누고 있지는 않습니다. 커피를 즐기고 있는 주변에서 목격한 사고를 이야기하거나 이벤트 개최, 링크 공유, 뉴스 보도, 또는 부모님의 말씀 등 훨씬 다양한 이야기들을 합니다.

(중략)

Twitter에서는 자신이 좋아하는 것, 좋아하는 사람, 그리고 이벤트 현장에서 지금 막 벌어지는 일 등을 공유하고 발견할 수 있습니다. '무엇을 하고 있나요?'는 더 이상 충분히 적합한 질문이 아닌 거죠. 그래서 오늘부터 Twitter는 사용자들에게 '무슨 일이 일어나고 있나요?'라고 질문합니다. 이번 변경으로 Twitter의 사용 방법이 바뀔 것이라고는 생각하지 않습니다. 반면 Twitter를 모르는 부모님에게 Twitter에 관해 훨씬 설명하기 쉬워질 것입니다.

– Biz Stone

즉, 서비스 출시 때부터 사용해 오던 '무엇을 하고 있나요?'라는 질문이 포괄할 수 없을 만큼 Twitter의 사용자의 사용 방법이 다양해졌다는 것입니다. 결국 Twitter는 사용자들의 이러한 광범위한 사용 방법에 맞춰 마이크로카피를 개선한 것입니다.

사용자도, 서비스 그 자체도, 시간이 지나면서 모두 변합니다. 따라서, 항상 사용자의 목소리에 귀를 기울이고 그 변화를 민감하게 느끼며 수용해야 합니다.

숫자만 쫓는다고 되는 것이 아닙니다. 숫자로 측정할 수 있는 것과 그렇지 않은 것의 균형을 이루는 것이 중요합니다.

기입하기 쉬운
폼 라벨로 한다

■ 폼 라벨도 마이크로카피다

과거 필자가 컨설팅을 진행했던 모 출판사에서는 쇼핑 장바구니를 대규모 이커머스와 동일하게 바꾼 것만으로 매출이 크게 향상되었습니다. 이전까지 사용하던 쇼핑 장바구니는 마이크로카피가 좋지 않거나, 자동 입력 기능이 없는 등 사용성을 고려하지 않은 상태였습니다. 디자인을 다양하게 변경하는 등의 개선 노력은 있었지만, 계속해서 디자인만 고려했다면 결국 헛수고로 끝날 수 있었을 것입니다.

장바구니 페이지를 완전히 바꾸지 않더라도 효과적으로 매출을 개선할 수 있는 방법이 있습니다. 그것은 바로 '폼 라벨'입니다.

가벼운 퀴즈를 풀어 보세요. 만약 여러분이 폼을 설계한다면 다음 4가지 중 어떤 것을 선택하겠습니까?

메일 주소를 한층 원활하게 작성할 수 있는 폼은 무엇인가?

1. ※로 표기

※는 필수 항목입니다

※ 메일 주소 [   ]

2. ※와 플레이스홀더

※는 필수 항목입니다

※ 메일 주소 [xxx@shuwa.com]

3. 보라색 구분과 플레이스홀더

메일 주소 [xxx@shuwa.com]

※보라색 테두리는 필수 항목입니다.

4. 필수 기호

메일 주소 [필수] [xxx@shuwa.com]

■ 사용성 측면에서 가장 좋은 것은 4번입니다.

1, 2번의 '※는 필수 항목입니다'는 자주 볼 수 있는 형태지만 입력 필드와 떨어져 있기 때문에 시선이 불필요하게 움직이게 됩니다.

3번도 알기 쉬운 것처럼 보이지만, 색상에 의존한 구분은 색을 정확하게 구분할 수 없는 사용자를 고려하지 않은 형태입니다. 또한, 빨간색 테두리를 사용한다면 입력 오류가 발생했다는 오해를 불러일으킬 가능성도 있습니다.

그러므로 4번과 같이 단순하게 '필수'라는 두 글자를 추가함으로써 사용성이 크게 향상되고, 동시에 반드시 기입해야 하는 항목임을 전달할 수 있습니다.

참고로 일본의 경우 남성은 약 20명 중 1명, 여성은 약 600명 중 1명이 색을 정확하게 구분하지 못한다고 합니다. 이들은 색상으로 구분된 지하철 노선도나 색으로 구분된 보드게임인 UNO 카드를 구별하지 못해 어려워합니다.

그러므로 색상에만 의존해서 사용자의 주의를 끌거나 오류를 전달하는 것은 피해야 합니다. 접근성 관점에서도 말(카피)을 사용해서 의미를 전달하기 바랍니다.

플레이스홀더 설계 규칙에 관해서는 여기까지 설명합니다.

✎ Memo

8장

고객의 마음을
파고드는 에러 메시지
마이크로카피

의미를 알 수 없는 에러 메시지로 곤란한 적은 없었습니까? 평소에는 보이지 않는 에러 메시지도 중요한 역할을 담당하는 마이크로카피 중 하나입니다. 사용자가 본래 하려던 작업을 완료할 수 있도록 지원하는 역할을 합니다.

대화형 어투를
사용한다

■ 에러 메시지의 3요소

에러 메시지는 사용자가 무심코 잘못 입력했거나, 기술적 문제가 발생했을 때 그 해결 방법을 알려 주는 중요한 역할을 합니다. 만약 에러 메시지가 없으면 이메일이 발송되지 않은 것을 알아채지 못하거나, 주소를 입력하지 않은 채 주문을 확정하는 등 다양한 문제가 발생할 것입니다.

사용성 전문가 쿠로스 마사아키黒須 正明는 에러 메시지에 다음 3요소를 반드시 포함해야 한다고 말했습니다. 출처: https://u-site.jp/lecture/appropriate-error-messages

- **원인:** 어떠한 이유로 현재의 에러 메시지가 표시되었는지 설명한다.
- **현상:** 현재 어떤 상태인지, 무엇을 할 수 있고, 무엇을 할 수 없는지 설명한다.
- **회복:** 어떻게 하면 현재 상황에서 벗어날 수 있는지 설명한다. 나아가 어떻게 하면 문제에 부딪히지 않고 원하는 행동을 완료할 수 있는지를 설명한다.

■ '어떤 형태로 전달하는가?'도 중요하다

에러 메시지를 시작으로 마이크로카피를 설계할 때는 '무엇을 전달하는가?' 뿐만 아니라 '어떤 형태로 전달하는가?'도 중요합니다. 여러분이 누군가에게 전달하기 어려운 점을 지적할 때 어떤 어투로 이야기하면 좋을지 고민한 적이 있을 것입니다. 그와 유사합니다.

가능하다면 나타나지 않았으면 하는 에러 메시지라도 전달하는 방법에 따라 긍정적인 커뮤니케이션으로 변할 수 있습니다.

UX 라이터인 Garif Pambri는 의사 결정에 영향을 미치는, 풍부한 사용자 경험을 전달하는 마이크로카피의 좋은 예로 일본의 SF 애니메이션 〈도라에몽〉을 이야기합니다. 아래에서 소개하는 바와 같이 도라에몽이 노진구에게 건네는 상냥한 말투나 행동을 참고하면 좋을 것입니다.

① 고객을 배려하는, 마음을 담은 커뮤니케이션

애니메이션 〈도라에몽〉을 보면 도라에몽은 노진구와 친근하게 대화하고 정서적으로 풍부하게 교감하며 서로 울고 웃으며 마음을 나눕니다. 도라에몽이 사랑받는 이유 중 하나로 그러한 깊은 배려심을 들 수 있지 않을까요?

무료 이미지 편집 프로그램을 제공하는 PicMonkey에서는 사용자의 브라우저에 업데이트가 필요할 때 'Love your vintage browser!(사랑스러운 빈티지 브라우저네요!)'라는 에러 메시지를 표시합니다. '사용 중인 브라우저가 오래되었습니다'와 같은 직설적인 표현이 아닌, 사용자를 배려한 메시지를 사용한 것입니다.

Love your vintage browser!

Unfortunately it's a little *too* vintage. PicMonkey no longer supports version 5 of Safari.

Visit Browse Happy to upgrade your browser, or try out Google Chrome.

> Okay

② 협력한다, 도움이 된다

노진구가 곤란한 상황이 되면 도라에몽은 4차원 주머니에서 도움이 되는 아이템을 꺼내 줍니다. 때로는 게으르고, 귀찮아 하는 일면을 가진 도라에몽이지만, '노진구, 참 곤란한 녀석이구나…'라고 생각하고 결코 내버려 두지 않습니다.

메일 매거진 관련 도구인 mailchimp에서는 곤란한 상황에 놓인 사용자에게 에러 메시지를 이용해 적극적으로 도움을 주려고 합니다. 무슨 일이 일어나고 있는지, 지금 무엇을 해야 하는지, 필요하다면 도구나 가이드 등 도움이 되는 도구를 제시해 문제를 해결할 수 있도록 안내합니다.

mailchimp의 에러 메시지 1

 Sorry, we couldn't find an account with that username. Can we help you recover your username?

⤷ 죄송합니다. 해당 사용자명을 가진 계정을 찾을 수 없습니다.
사용자명을 복원하시겠습니까?

③ 유머가 있다

때때로 도라에몽이 보여 주는 유머는 재치 만점이며, 우리에게 웃음을 선사합니다. 에러 메시지는 본래의 역할을 달성하는 데 집중해야 하며, 여기에 적절한 유머를 더한다면 딱딱한 분위기를 누그러뜨릴 수 있습니다.

mailchimp의 에러 메시지 2

Username

> test

Another user with this username already exists. Maybe it's your evil twin. Spooky.

　　⌐→ 다른 사용자가 이미 해당 이름을 사용 중입니다.
　　　　어쩌면 당신의 사악한 쌍둥이일지도 모릅니다. 조심하세요.

Yahoo!의 에러 메시지

Name	John		Smith		
Gender	Male	⬍			
Birthday	24	April	⬍	2014	⚠ Are you really from the future?
Country	New Zealand				⌐→ 당신은 정말 미래에서 왔습니까?
Postal Code					

어떻습니까? 이런 에러 메시지라면 조금은 딱딱할 수 있는 순간을 누그러뜨릴 수 있지 않을까요?

■ 구어체와 문어체

안타깝게도 우리가 확인할 수 있는 대부분의 에러 메시지는 다음 사례들처럼 평범하고 딱딱합니다.

보통의 에러 메시지들

예상치 못한 에러가 발생했습니다(에러 번호: 2)

사용자명이 유효하지 않습니다

올바른 이동이 아닙니다

메모리 로케이션에 대한 접근이 유효하지 않습니다

올바르지 않은 요청입니다

우리는 일반적으로 2종류의 형태를 사용합니다. 하나는 대화하는 형태(구어체), 다른 하나는 글로 쓰는 형태(문어체)입니다.

대화하는 듯 이야기하는 구어체는 같은 시간을 공유하는 상대에게 사용하는 형태입니다. 주로 서로 얼굴을 마주보고 대화를 할 때나 전화 통화 중에 사용합니다.

한편 문어체는 신문이나 논문 등에서 주로 사용합니다. 예를 들어 논문을 쓸 때는 '쪼끔이라도'라고 쓰지 않고 '조금이라도' 혹은 '다소'라고 쓸 것입니다. 문장으로 표현한 후 상대가 읽을 때까지의 시간 차이가 있는 커뮤니케이션에서는 글로 쓰는 형태입니다.

우리들은 일상 생활에서 이 2가지 형태를 자연스럽게 구분해서 사용합니다.

하지만 온라인 세계에서는 구어체와 문어체 이외에 또 다른 형태를 자주 사용합니다. 그것은 말하는 듯한 구어체를 글로 쓰는 회화체입니다.

가까운 친구와 메신저 애플리케이션으로 대화를 나눌 때 편지나 글을 쓰는 듯한 어투를 사용하지는 않을 것입니다. '지금 어디?', '응? 역의 서쪽 입구 아냐?'처럼 편한 구어체를 쓰면서 이야기를 나눌 것입니다. 이처럼 온라인상에서 당연한 듯이 구어체를 사용하게 된 것은 아마도 실시간으로 상대방에게 전달할 수 있는 통신 환경이 갖춰졌기 때문일 것입니다.

약 15만 년에 이르는 시간 동안 구어체로 직접 대화하던 인류에게, 구어체를 글로 쓴다는 것은 아직까지는 새로운 커뮤니케이션 방법이라고 말할 수 있습니다. 미국의 언어 학자인 John McWhorter는 휴대전화로 정보를 전달하는 텍스트 메시지를 단순한 문장이 아니라 '손가락을 통한 회화'라고 표현합니다.

> 인류가 탄생한 시점부터 현재까지의 시간을 24시간으로 환산해 보면 회화체는 23시 7분 즈음에 탄생했다.
>
> – John Hamilton McWhorter(TED 강연 중 발췌)

이런 배경으로 인해 우리들은 여전히 온라인에서 카피를 작성할 때 문어체의 굴레에서 벗어나려고 하지 않습니다. 고객이 무언가를 입력했을 때 즉시 응답하는 자동 메시지처럼 인터랙티브한 커뮤니케이션에서는 회화체의 카피가 어울립니다. 그러므로 메신저 애플리케이션에서 사용하는 것처럼 좀 더 과감하게 자연스러운 형태의 카피를 사용해 보는 것도 좋습니다.

'자연스러움'의 여부를 판단하는 방법은 간단합니다. 동시 통역 업계에는 다음과 같은 격언이 있습니다.

"귀 기울여 쓴다"

다시 말해 소리를 내서 읽어 보는 것입니다.

전문 용어를
사용하지 않는다

■ 모든 사람이 전문 용어에 정통하지는 않다

전문 용어나 익숙하지 않은 용어는 알기 어려울 뿐만 아니라 사용자의 지식 부하를 높이게 됩니다. 무엇보다 쓰여 있는 메시지를 이해하지 못하면 에러 메시지 자체의 의미가 없습니다.

누구나 이해할 수 있는 일반적인 용어를 사용하고 특수한 용어를 사용하는 것은 피하십시오. 모든 사람이 전문 용어에 정통하지는 않습니다.

의미를 알 수 없는 에러 메시지

> Error 91: 0001 객체 변수가 설정되어 있지 않습니다.
>
> OK

사이트 내의 모든 폼에 의도적으로 잘못된 정보를 입력해서 에러 메시지를 표시해 봅시다. 그런 다음 전문 용어가 포함되지 않았는지 체크합니다.

웹사이트뿐만 아니라 애플리케이션이나 소프트웨어에서도 마찬가지입니다. 에러 메시지는 사용자가 이해할 수 있어야 합니다.

모호함을
피한다

■ 에러 발생을 전달하는 것만으로는 충분하지 않다

한동안 Windows 10의 설치 시 나타내는 에러 메시지가 화제가 된 적이 있습니다. 그도 그럴 만했습니다.

Windows 10 설치 시 에러 메시지

'문제가 발생했습니다.'라는 메시지만 봐서는 어떤 문제가 발생했고, 어떻게 해결해야 하는지 전혀 알 수 없습니다. 사용자들은 이 화면을 두고 'Microsoft는 도움이 되지 않는 에러 메시지의 새로운 기준을 만들었다!'고 비아냥거리기까지 했습니다.

과연 도움이 되지 않는 에러 메시지를 Microsoft에서만 사용했다고 장담할 수 있을까요? 여러분의 웹사이트에서 일일이 테스트해 보면서 에러 메시지를 점검해 보세요. 에러 메시지의 3요소를 모두 만족하고 있나요?

여러분은 다음 에러 메시지를 보고 무엇인지 확실히 말할 수 없지만 '불친절'함을 느낄 것입니다.

Amazon의 에러 메시지

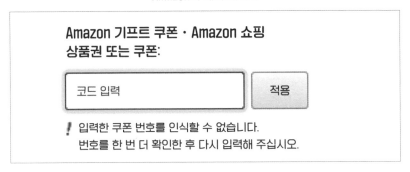

에러 메시지의 3요소를 떠올려 보세요. 그저 에러가 발생했음을 전달하는 것이 에러 메시지의 역할은 아닙니다. 사용자에게 에러가 발생한 원인을 전달해야만 에러 상황에 좀 더 원활하게 대처할 수 있기 때문입니다.

위 Amazon의 에러 메시지에서는 다음과 같은 형태로 에러의 원인을 제공해야 할 것입니다.

- 쿠폰 번호가 잘못되었습니다
- 이미 사용한 쿠폰 번호입니다.
- 쿠폰 번호의 사용 기한이 만료되었습니다

사용자에게 에러 메시지가 발생한 원인을 전달하지 않으면 몇 번이고 같은 실수를 반복할 것이고, 결국에는 해당 서비스에 대한 불만과 함께 화를 내게 될 것입니다.

사용자를
꾸짖지 않는다

■ 에러 메시지의 역할은 사용자를 지원하는 것이다

'날짜가 틀렸습니다.'와 같이 사용자를 힐책하는 듯한 표현은 좋지 않습니다. '올바른 날짜를 입력하세요.'와 같이 사용자를 해결로 이끄는 방식으로 표현하는 것을 추천합니다.

에러 메시지의 역할은 사용자가 작업을 완료할 수 있도록 지원하는 것입니다. 사용자의 기분을 상하게 하거나, 무력감을 느끼게 하거나, 예의 없는 말투 등을 사용하지 않도록 합니다.

에러 메시지 예

- 나쁜 예: 올바르지 않은 계정 ID입니다.
- 좋은 예: 올바른 계정 ID를 입력하세요.

■ 부정적인 용어는 피하는 것이 좋다

또한 UX 전문 간행물을 발행하는 UX Movement(https://uxmovement.com/)에서는 다음과 같이 에러 메시지로 사용하면 좋지 않은 단어들을 소개합니다.

에러 메시지에서 피해야 할 단어들

단어	에러 메시지 사례
저런	저런, 뭔가 이상합니다
에러	이 폼에는 에러가 있습니다
실패	폼 전송 실패!
문제	계정 작성에 문제가 있습니다
무효	무효 필드
틀림	이런, 무언가 틀렸습니다
금지	3개의 에러로 인해 사용자 정보 저장이 금지되었습니다.

위 단어들의 공통점은 부정적이거나 제한을 느끼게 하는 단어라는 점입니다. 부정적인 용어가 아니라 긍정적인 용어를 사용하여 사용자가 앞으로 나아가도록 돕는 것이 중요합니다.

건설적인 조언을
한다

■ 근본적인 해결에 이를 수 있도록 한다

에러 메시지에서는 근본적인 해결에 이를 수 있도록 건설적인 조언을 해야
합니다.

예를 들어 '입력 에러'라고 전달하는 것보다는 '영문자로 입력해 주십시오'와
같이 좀 더 구체적인 방법을 설명하는 내용의 메시지를 전달하는 것이 좋습
니다. 여러분의 웹사이트에 '조금 더 구체적으로 알려 주면 좋겠다…'고 생각
되는 에러 메시지는 없는지 다시 한번 확인해 보세요.

나아가서 애초에 에러 메시지가 표시되지 않도록 하는 방법은 없는지 생각해
봅시다. 기능이나 디자인의 문제로 고객이 헷갈릴 수 있다면 근본 원인을 해
결하는 것이 먼저입니다.

카피 작성자의 입장에서는 카피로 모든 것을 해결하고 싶을 수 있지만, 잘못
된 생각입니다. 사용자가 무리 없이 목적을 달성할 수 있도록 엔지니어 및 디
자이너와 협력해서 문제를 해결하기 바랍니다.

최고의 에러 메시지는 에러 메시지가 없는 것이다.

– Marina Poznyak(콘텐츠 전략가)

힌트를
전달한다

■ 힌트를 제공해서 사용자가 떠올리도록 한다

사내에서 사용 중이던 Google 계정으로 로그인했는데 비밀번호가 15시간 전에 변경되었다는 메시지가 표시되었습니다. 그제서야 비밀번호를 변경한 것이 생각났습니다.

Google 계정의 비밀번호 입력 에러 메시지

비밀번호 입력
_____

이 비밀번호는 15시간 전에 변경되었습니다.

비밀번호를 잊어버린 경우   다음

Google의 사례처럼 사용자에게 힌트를 제공하여 올바른 정보를 입력하도록 돕는 것도 에러 메시지의 역할입니다. 이것은 보안에도 영향이 없습니다.

안전성을 담보하면서 사용자가 해야 할 일을 하나라도 줄이는 방법이 없을지 생각하기 바랍니다.

9장

입소문이 널리 퍼지는 404 페이지의 마이크로카피

페이지가 존재하지 않음을 전달하는 404 에러는 무언가를 기대하고 콘텐츠에 접근한 사람의 의욕을 떨어뜨립니다. 하지만, 마이크로카피를 사용해 개선함으로써 고객이 사이트에서 이탈하는 것을 방지할 수 있습니다.

커스텀 404 페이지를 준비한다

■ 404 페이지는 가능한 한 보고 싶지 않은 것

'해당 페이지를 찾을 수 없습니다.'

웹사이트를 열람하다 보면 가끔 이런 페이지가 나타납니다. 페이지가 존재하지 않음을 알리는 슬픈 메시지, 404 에러입니다.

404 페이지는 링크가 끊어지거나 삭제된 페이지에 접근할 때 나타납니다. 404 페이지는 고객에게 불편을 줄 뿐만 아니라, 실망감을 안겨 주기 때문에 사이트를 운영하는 입장에서는 가능하면 고객의 눈에 띄게 하고 싶지 않은 페이지입니다.

웹페이지의 평균 수명은 100일 정도로 알려져 있습니다. 즉, 사이트를 운영하다 보면 특정 페이지를 삭제하거나 위치를 옮기는 일이 종종 발생한다는 것입니다. 또한, 사이트 방문자가 잘못된 URL을 입력할 수도 있기 때문에 404 페이지를 설계할 때는 제대로 준비해야 합니다.

■ 커스텀 404 페이지라면 이탈률을 낮출 수 있다

그러므로 '커스텀 404 페이지'를 준비합시다.

커스텀 404 페이지는 페이지가 존재하지 않는 상황을 전달할 뿐만 아니라, 방문자가 찾고 있는 페이지를 찾을 수 있도록 맞춤 제작한 페이지입니다. 초기 설정 그대로의 밋밋한 404 페이지와는 달리 일러스트나 카피를 사용해서 기업 · 브랜드의 개성을 표현할 수도 있습니다. 이러한 커스텀 404 페이지는 사용자의 이탈률을 낮추면서 동시에 컨버전에도 기여할 수 있습니다.

마이크로카피를 활용하여 어떻게 하면 404 페이지를 잘 만들 수 있는지와 다양한 사례를 살펴보겠습니다.

404를 브랜드의
언어로 바꾼다

■ 브랜드 고유의 언어로 '다움'을 표현한다

먼저 심플하게 페이지를 발견하지 못했음을 전달합니다. 초기 설정에서 사용되는 메시지 '404 NOT FOUND'를 바꿔 쓰거나, 여러분의 브랜드 특징과 연결해 보세요.

Vimeo의 404 페이지

중요한 점은 404 페이지에도 제대로 작동하는 다른 페이지의 분위기(테마 색상, 레이아웃, 폰트)를 어느 정도 남겨 두어야 한다는 것입니다. 404 페이지가 다른 페이지와 너무 다르다면 사용자는 외부 사이트로 빠져나왔다고 착각할 수 있습니다.

404 페이지에서 브랜드의 개성을 표현할 수 있지만, 어디까지나 전체 페이지 중 하나라는 점을 기억해야 합니다.

■ 브라우저 탭도 활용할 수 있다

또한, 동영상 공유 사이트 Vimeo의 404 페이지에서는 브라우저의 탭에 'VimeUhOh'라는 마이크로카피를 사용했습니다.

Vimeo의 404 페이지에서 브라우저 탭

404 페이지는 여러분의 창의성을 표현할 수 있는 한 장의 캔버스입니다. 아이디어에 따라 브랜드의 존재감을 높일 수 있을 것입니다.

공감 · 동의의 메시지를 전달한다

■ 공감을 나타냄으로써 사용자의 기분을 누그러뜨린다

404 페이지는 인터넷을 사용할 때 맞닥뜨리는 '안타까운 경험' 중 하나입니다. 그러므로 우선 안타까운 사용자들의 기분에 공감을 표현함으로써 좋지 않은 기분을 누그러뜨립니다.

예를 들어 ANA 항공사의 404 페이지에서는 '끝없이 넓은 파란 하늘. 이 넓은 하늘에서 보물을 찾기는 쉽지 않습니다.'라고 시작합니다. 그리고 제대로 된 페이지로 돌아갈 수 있도록 국내선, 국제선 링크 버튼을 배치했습니다.

ANA의 404 페이지

구체적인 해결책을 제시해 기회 손실을 막는다

■ 사이트 방문자는 자신의 힘으로 콘텐츠에 도달하기를 바란다

고객 서비스 솔루션인 Zendesk의 조사에 따르면 사이트를 사용하던 도중 어떠한 문제에 직면했을 때 전체 고객 중 약 91%가 '가능하면 직접 문제를 해결하고 싶다'고 생각하는 것으로 나타났습니다.

따라서 404 페이지에서는 다음과 같은 링크 또는 검색 기능을 제공하는 것이 좋습니다. 그러면 사이트 방문자는 자신의 힘으로 원하는 콘텐츠에 도달할 수 있습니다.

자신의 힘으로 콘텐츠를 발견할 수 있도록 하는 장치	
• 사이트 내 검색	• 인기 상품 리스트
• 내비게이션 메뉴	• 사이트 맵 링크
• 홈 링크	• 카테고리/태그 링크
• 자주 읽는 게시글 목록	• FAQ 페이지

404 페이지를 최대한 단순하게 구성한다고 해도 시작 화면으로 돌아갈 수 있는 버튼은 반드시 배치하는 것이 좋습니다. 404 페이지가 막다른 골목과 같은 상황이 된다면 사용자는 이전 페이지로 돌아가거나, 브라우저 탭을 닫는 것 중 하나를 선택할 수밖에 없습니다. Firefox 브라우저를 서비스하는 Mozilla의 보고에 따르면 Firefox 브라우저에서 가장 많이 클릭되는 버튼은 '뒤로 가기'라고 합니다.

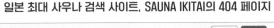

일본 최대 사우나 검색 사이트, SAUNA IKITAI의 404 페이지

호텔 가격 비교 및 리뷰 서비스를 제공하는 Tripadvisor에서는 해당 페이지를 찾을 수 없으며, 페이지를 수하물에 비유하여 '하지만 회원님의 수하물은 아닙니다!'라는 말을 건넨 뒤 여행 계획으로 돌아가도록 재치 있게 안내합니다. 이처럼 사이트마다 404 페이지에서 대응하는 방식이 서로 다른 것도 재미있는 점입니다.

Tripadvisor의 404 페이지

여러분이 블로그를 운영하고 있다면 lifehacker의 마이크로카피가 참고가 될 것입니다. 뚜렷한 개성은 없지만, 기본을 잘 지키고 있기 때문입니다. 또한 검색 폼을 사용해서 사이트 방문자가 원하는 게시글을 찾을 수 있도록 지원하고 있습니다.

lifehacker의 404페이지

추가로 조언을 하나 덧붙이자면 방문자가 검색 기능을 이용하여 원하는 정보를 얻을 수 있도록 게시글을 작성할 때 제목이나, 카테고리 설정, 태그 설정 등을 일관성 있는 규칙으로 관리해야 합니다.

브랜딩의 기회로
바꾼다

■ 기업 문화를 전달하고, 브랜딩을 강화한다

Amazon의 404 페이지에서는 '유감'의 메시지와 함께 강아지의 사진이 표시됩니다. 그리고 링크가 연결된 마이크로카피 'Meet the dogs of Amazon'을 누르면 사랑스러운 강아지 사진과 함께 좋아하는 장난감, 좋아하는 것, 나이와 같은 프로필이 표시됩니다.

Amazon에서는 2만 명의 종업원이 2,000마리 이상의 강아지를 기르고 있으며, 강아지와 함께 출근할 수 있는 날이 되면 약 30% 정도가 강아지가 주인과 함께 회사로 출근한다고 알려져 있습니다. 이처럼 Amazon에서는 404 페이지에서 강아지를 소중한 가족의 일원처럼 생각하는 Amazon의 문화를 고객에게 전함으로써 브랜딩을 강화하는 데 활용했습니다.

Amazon의 404 페이지와 링크 클릭 후 화면

또한 국제 환경 단체인 WWF Japan의 404 페이지에서는 멸종한 동물인 도
도에 대한 정보를 표시합니다.

WWF Japan의 404 페이지

놀러 가고 싶은 마음을 가득히

■ 화가 나려는 순간에도 미소를 머금도록 바꿀 수 있다

아래 화면은 일본 히로시마현 홈페이지의 404 페이지입니다. '아깝다!'라는 마이크로카피와 함께 일본의 연기자이자, 히로시마현의 홍보 대사였던 아리요시 히로이키有吉 弘行가 등장하여 아쉬운 듯한 제스처를 취하고 있습니다. 404 페이지로 인해 화가 날 수도 있는 상황을 재치 있게 웃음으로 바꾼 사례입니다.

히로시마현 홈페이지의 404 페이지

이처럼 사진이나 일러스트 등을 활용하면 마이크로카피의 효과를 최대한으로 이끌어 낼 수 있습니다.

단, 지나침은 금물입니다. 차별을 담은 농담이나, 특정한 시기의 사람들만 이해할 수 있는 유머는 주의해야 합니다.

■ 심지어 '행운!'이라고 느낄 수 있는 404 페이지

일본의 YAMAHA Motor의 웹사이트에서는 404 페이지를 방문한 사람에게 한정판 선물을 제공했습니다. '404가지 바이크 사진으로 만든 배경 화면 선물!!', '작지만 사과의 마음으로 이 페이지 한정 선물을 준비했습니다.'라는 메시지와 함께 다운로드 링크를 삽입했습니다. 바이크를 좋아하는 사람이라면 오히려 404 페이지에 도달한 것을 행운이라고 여기지 않을까요?

YAMAHA Motor의 404 페이지

크리에이터 콘텐츠 게시 사이트인 일본의 note에서는 404 페이지를 '크리에이터의 작품을 조용히 볼 수 있는 미술관으로 만든다'는 콘셉트로 'note 404 미술관'을 기획했습니다. 404 페이지를 새로 고침할 때마다 다른 작품이 나타나기 때문에 404 페이지에서 오랫동안 머물게 될지도 모릅니다.

note의 404 페이지

상품 페이지로
유도한다

■ 페이지가 표시되지 않는 위기를 기회로 바꾼다

일본의 한 문구 회사에서는 404 페이지에 다음과 같은 안내 메시지를 넣어
자사 상품을 절묘하게 연결해 사용자를 제품 판매 페이지로 유도합니다.

문구 회사의 404 페이지

이 사례처럼 여러분이 판매하고 있는 상품이나 서비스를 '페이지가 사라져 버렸다', '페이지를 찾을 수 없다'는 기본 메시지와 연결하여 특별한 404 페이지를 만들어 보세요. 상품을 판매하는 것이 아니라, 관심을 높여서 자연스럽게 페이지로 돌아오도록 하는 것이 목적입니다.

■ '이런 것도 좋을지 모릅니다'는 효과적

가구나 실내 장식품에 특화한 이커머스인 BALLARD DESIGNS에서는 WhichTestWon의 A/B 테스트 콘테스트에서 골드 리본 상을 받았습니다. 404 페이지에 관련 상품을 표시함으로써 장바구니 추가율, 총 구매율, 신규 고객 구매율, 평균 페이지 뷰 수를 향상시켰습니다.

BALLARD DESIGNS의 404 페이지 A/B 테스트

여러분의 404 페이지에서 '이런 것도 좋을지 모릅니다'를 테스트해 봐도 좋을 것입니다.

 **Memo**

10장

사용자 경험을
풍부하게 하는
마이크로카피 모음

여기서는 1~9장에서 다루지 않았지만 마이크로카피를 효과적으로 활용한 사례를 몇 가지 선정해서 소개합니다. 모두가 사용자 경험을 풍부하게 하는 것들입니다. 여러분의 웹사이트를 만들 때 아이디어 중 하나로 고려해 보는 것도 좋습니다.

사용자의 기분에 맞추는 마이크로카피

■ 다양성이라는 시대를 끌어안은 디자인

성별 선택 화면에서는 다양성의 시대에 기업의 인식을 확인할 수 있습니다.

Google의 계정을 생성할 때 성별 선택 항목에는 다음과 같이 '여성·남성·기타·응답하지 않음'이라는 4가지를 제공했습니다. 여성과 남성이라는 2가지 선택지에 '기타·응답하지 않음'을 추가한 것만으로도 비교적 새로운 접근이라고 할 수 있을 것입니다.

Google 계정 생성 시 성별 선택 화면 1

여성
남성
기타
응답하지 않음

최근에는 Google 계정 생성 시 성별 선택이 한층 업데이트되어 사용자가 직접 입력할 수 있는 선택지도 추가되었습니다. '기타'를 선택해야 했던 사람들 중에는 소외감을 느끼는 사람들도 있었기 때문입니다.

Google 계정 생성 시 성별 선택 화면 2

성별

여성

여성
남성
공개 안함
사용자 지정

성별

사용자 지정

성별이 무엇인가요?

나를 지칭할 때 사용할 대명사:

이런 배려는 성별 선택에만 한정되지 않습니다. 웹사이트에 방문하는 사용자는 나이가 많을 수도 있고, 장애를 가졌을 수도 있으며, 외국인일 수도 있습니다. 이처럼 다양한 사람이 여러분의 웹사이트에 방문할 것을 고려하여 용어를 설계해야 합니다.

■ 가까이 다가가면 팬이 늘어난다

웹 브라우저인 Firefox를 제공하는 Mozilla의 웹사이트는 Firefox 최신 버전을 사용하여 접속하면 '안심하세요! 당신은 Firefox 최신 버전을 사용하고 있습니다.'라는 메시지가 표시됩니다. 사이트에 접속하는 대부분의 사용자가 브라우저를 업데이트하기 위해 방문한 것을 알고 있기 때문입니다.

사용자가 하고자 하는 일, 사이트에 방문하는 목적을 파악한다면 단 한 마디 말로도 '마음이 통하는 순간'을 만들어 낼 수 있습니다.

Mozilla의 웹사이트

이외에도 note에서는 다른 사용자의 게시글에 첫 번째 댓글을 남기려고 하면 다음과 같은 팝업 창이 나타납니다. 일시적인 감정으로 악플을 다는 것을 방지하기 위한 것입니다. 플랫폼 전체를 모든 사용자가 마음 편하게 이용할 수 있도록 하기 위한 멋진 아이디어라 할 수 있습니다.

note의 팝업 메시지 1

이외에도 note에서는 다양한 인터랙션을 제공합니다. 작성 중인 게시물을 저장하면 다음과 같은 메시지가 무작위로 표시되면서 게시글 작성으로 지친 사용자의 긴장을 완화시켜 줍니다.

이렇게 마이크로카피를 통해 커뮤니케이션을 교환함으로써, 사용자는 여러분 브랜드의 팬이 되어, 서비스를 더 사용하고 싶다고 생각하게 될 것입니다.

note의 팝업 메시지 2

초안을 저장했습니다. 앞으로도 기대할게요. 닫기	초안을 저장했습니다. 피곤하면 잠시 눈을 쉬게 해 주세요. 닫기
초안을 저장했습니다. 기록하러 다시 와 주세요. 닫기	초안을 저장했습니다. 어느 정도 작성했다면 잠깐 쉬어 볼까요. 닫기

마지막으로 대만의 PC 브랜드인 ASUS의 사례 1가지를 더 소개합니다.

2011년 동일본 대지진으로 일본이 큰 피해를 입었을 때 ASUS에서 제조한 기판이 화제가 되었습니다. 기판은 컴퓨터 내부에 장착되기 때문에 구입한 사용자가 확인할 일이 거의 없습니다. 그럼에도 기판에는 'GOD BLESS JAPAN(일본에 신의 가호를!)'이라는 메시지가 인쇄되어 있었던 것입니다.

사용자가 끝내 모를 수도 있는 위치임에도 피해에 대한 안타까움을 표현해 준 ASUS의 훈훈한 메시지에 일본의 많은 사용자들로부터 좋은 호응을 얻을 수 있었습니다.

마이크로카피는 웹사이트와 같은 디지털 인터페이스에 사용되는 카피를 의미하지만, 그 역할이 단순히 지시를 내리거나 피드백하는 것만은 아닙니다. 마이크로카피를 이용해 제품이나 서비스에서 인간미나 따뜻함을 느끼게 하는 역할도 있음을 기억합시다.

사용 방법을 안내하는
마이크로카피

■ 섬네일의 마이크로카피로 재생을 돕는다

고객에게 제품이나 서비스의 프로모션 동영상을 선보이고 싶다면 다음과 같은 아이디어를 참고해 볼 수 있습니다. click funnels에서는 동영상 섬네일에 '여기를 클릭해서 재생(CLICK HERE TO PLAY)'이라는 마이크로카피를 사용했습니다.

click funnels의 동영상 섬네일

■ 사용 방법을 이해할 수 없는 기능은 없는 것과 마찬가지다

아래 화면은 오래 전 iOS 버전에서 Siri의 사용 방법을 소개하는 화면입니다. 여기서도 마이크로카피가 적절하게 활용되고 있습니다. '지아에게 전화해', '사진 열어줘', '9시에 회의 잡아줘' 등 Siri에게 어떻게 말을 걸고, 명령을 내리는지를 구체적으로 알려 줍니다. 이를 통해 처음 사용하는 사용자도 원활하게 Siri라는 음성 인식 기능을 사용할 수 있습니다.

Siri 사용 방법을 알려 주는 마이크로카피

다음 예시는 네이버페이 애플리케이션의 카드 등록 화면으로, 카메라 기능을 사용해서 신용 카드 정보를 빠르게 등록할 수 있습니다. '카드를 사각형 안에 맞춰주세요'는 사용자에게 사용 방법을 알려 주는 마이크로카피입니다. 카메라 기능을 이용한 카드 정보 등록이 처음인 사용자도 당황하지 않을 것입니다.

네이버페이 애플리케이션의 마이크로카피

이와 같이 우리가 일반적으로 사용하는 웹사이트나 모바일 애플리케이션에는 다양한 마이크로카피가 사용되고 있습니다. 이제는 평소와 조금 다른 관점으로 화면을 살펴보기 바랍니다. 분명, 여러분의 비즈니스에 응용할 수 있는 새로운 발견을 할 수 있을 것입니다.

Memo

11장

마이크로카피
작성을 위한
프레임워크

지금까지 다양한 마이크로카피의 활용 사례를 살펴봤습니다. 마지막으로
배운 내용을 참고하면서 여러분의 웹사이트에서 사용할 마이크로카피를
설계할 때, 또는 개선할 때 활용할 수 있는 프레임워크를 소개합니다.

설계 계획서를
사용해서 생각한다

■ **서비스 제공자와 고객이 바라는 목표 간 균형이 중요하다**

마이크로카피를 설계할 때 중요한 사고방식, 그것은 서비스를 제공하는 사람의 목표와 고객의 목표 사이에서 '양쪽 간의 균형'을 맞추는 것입니다.

마이크로카피를 사용해 무리한 클릭이나 서비스 이용을 유도한다면 단기적으로는 이익이 향상될지도 모르지만, 장기적으로는 브랜드의 신뢰성을 잃게 됩니다.

마이크로카피는 마케팅을 위한 카피가 아닙니다. 즉, 직접적으로 무언가를 판매하고자 사용하는 것이 아닙니다. 하지만, 사용자에게 동기를 부여하거나 행동 장벽을 낮추고, 사용자 경험을 풍부하게 만든다면 결과적으로 매출 향상에 기여하게 됩니다. 이것이야 말로 진정한 마이크로카피의 사용 목적이라 말할 수 있습니다.

■ '포스트잇에 쓰는 메시지'라는 이미지로 설계한다

마이크로카피는 포스트잇에 남기는 메시지와 닮았습니다.

- 감사합니다
- 여기에 도장을 찍어 주세요
- 늘 두던 서랍에 두었습니다

한 단어, 한 구절, 한 문장에도 그 뒤에는 많은 배경 정보(콘텍스트)가 포함되어 있습니다. 상대방과의 관계, 전하고자 하는 톤, 직전에 나눈 이야기 등 두 사람 사이에서만 알 수 있는 비언어적인 커뮤니케이션도 존재합니다.

여러분이 웹사이트 화면에 포스트잇을 붙인다면 어느 위치에, 어떤 메시지를 쓰고 싶은지 생각해 보십시오. 포스트잇에 쓸 수 있는 문자 수에는 한계가 있습니다. 그러니 무엇보다 고객에게 도움이 되는 명쾌하고도 간결한 메시지를 생각해야 합니다.

처음에는 다음 서식worksheet을 사용해서 마이크로카피를 만들어 보는 것도 좋습니다. How나 What, Who나 When 등 메시지를 만드는 데 반드시 담아야 할 것들이 명확해질 것입니다.

마이크로카피 설계 계획서

① 그 메시지는 누구를 향한 것인가?	• 신규 사용자 • 무료 회원 • 체험 회원 • 편집자 • 우수 고객 • 기타: ／ • 재방문자 • 프리미엄 회원 • 관리자 • 독자 • 모든 사용자
② 무엇을 전달할 것인가?	• 설정을 변경하세요 • 기입하지 않은 항목이 있습니다 • 관리 권한이 없습니다 • 플랜을 업그레이드하겠습니까? • 구입한 상품을 잊지 말고 SNS에 공유해 주세요 • 기타:
③ 어떤 톤으로 전달하는가?	• 캐주얼한 • 사무적인 • 즐거운 • 침착한 ／ • 친근한 • 귀여운 • 따뜻한 • 기타:
④ 어느 시점에 전달하는가?	• 항상 • 폼 입력을 완료했을 때 • 구독을 했을 때 • 기타: ／ • 회원 가입 시 • 상품을 구입할 때 • 체험 기간 종료 3일 전
⑤ 메시지를 어떻게 전달하는가?	• 인터페이스 내에서 • 감사 페이지로 • 푸시 알림으로 ／ • 메일로 • 문자 메시지로 • 기타:
⑥ 메시지의 효과는 무엇인가?(행동/감정)	• 불안이 사라진다 • 즐거워진다 • 행복함을 느낀다 • 상품이나 서비스를 자랑한다(사람에게 알린다/공유한다) • 업그레이드한다 ／ • 의문이나 걱정이 해소된다 • 구입/구독한다 • 폼을 수정하거나 다시 기입한다 • 기타:

고객의 불안, 걱정, 의문에 초점을 맞춘다

■ 고객이 가진 9가지 유형의 리스크부터 해결하라

웹사이트의 버튼 클릭률이 좋지 않을 때 어떻게 생각해야 할까요? 사람이 행동하려면 동기가 필요하지만, 다양한 걱정으로 그 동기가 약해지거나 의욕을 잃기도 합니다.

예를 들어 '지금 구입한다' 버튼을 배치할 때 버튼 바로 옆에는 고객의 리스크를 덜어 줄 메시지가 배치되어 있나요? 불안이나 걱정을 완화해 주고 있나요?

《Consumer Behavior in Action: Real-life Applications for Marketing Managers》의 저자 Geoffrey Paul Lantos은 고객이 가진 9가지 리스크와 그 대책에 관해 다음과 같이 설명합니다.

고객이 가진 9가지 리스크와 그 대책

종류	불안	대책
금전적 리스크	돈을 낭비하는 것	보증 제도 안내
사회적 리스크	다른 사람들의 불편한 시선	고객의 목소리 활용
자아 리스크	체면	명예심 자극
기능적 리스크	쓸모없는 것	무료 체험판 제공
신체적 리스크	안전성의 문제	증명서 제시
심리적 리스크	만족도	감정에 호소
시간적 리스크	사용 방법에 대한 우려	24시간 지원
노력 리스크	난이도	알기 쉬운 설명
노후화 리스크	시대에 뒤떨어지는 것에 대한 우려	저렴한 가격의 업그레이드

■ 제품이나 서비스의 특성에서 고객의 불안을 예상한다

예를 들어 새로운 전기 히터를 구입할 때 저렴하게 구입할 수 있다면 좋겠지만 너무 저렴하면 품질에 대한 불안함이 생길 것입니다. 금방 부서져 버린다면 결국 돈을 버리는 꼴이 되기 때문입니다.

이 리스크는 9가지 리스크 표에서 '금전적 리스크'에 해당합니다.

따라서 구입 버튼 바로 아래에 해당 제품을 보증하는 내용을 추가함으로써 불안을 완화할 수 있을 것입니다. 버튼 주변은 시선이 집중되므로 구입을 망설이는 고객의 등을 살짝 밀기에 최적의 위치입니다. 단, 보증 내용에 거짓이 있으면 안 됩니다.

금전적 리스크를 완화하는 마이크로카피

바로 구입하기	바로 구입하기
	3년 안심 보증

물론 버튼 주변에 배치한 하나의 마이크로카피만으로 충분한 것은 아닙니다. 9가지 리스크를 모두 검토해 여러 클릭 트리거의 변형을 준비하십시오.

고객은 어쩌면 안전성을 더욱 중시하거나 충분한 지원을 원할지도 모릅니다. 제품이나 서비스의 특성 또는 대상 고객에 따라 달라집니다. 그러므로 A/B 테스트를 통한 검증이 필요한 것입니다.

고객의 관점에서
생각한다

■ 처음 인터넷을 사용하는 사람도 있다

어느 위치에 있든 마이크로카피를 사용할 때는 가장 먼저 '고객에게 도움이 되는 것'을 전제로 해야 합니다. 그리고 이를 위해서는 고객의 입장에서 생각해 볼 필요가 있습니다.

책에서는 편의상 '사용자', '고객'이라는 용어를 사용했습니다. 사용자 또는 고객이라는 한 단어로 이야기했지만 실제 여러분의 고객은 저마다 가진 지식이나 경험, 사고방식이 전혀 다릅니다. 즉, 화면 너머에 있는 여러분의 고객은 특정할 수 없는 다양한 사람 중 1명이라는 점을 기억해야 합니다.

예를 들어 '우리 고객은 인터넷에 익숙하기 때문에 서비스 이용 신청 등에 어려움을 겪지 않는다'고 하면 더없이 기쁘겠지만, 모든 사용자가 그렇다고 확신할 수 없습니다. 우리가 기대하거나 예상한 대로 웹사이트를 제대로 활용하는 일이 더 적다고 해도 과언이 아닙니다.

따라서 마이크로카피를 설계할 때는 사용자 입장에서 다시 한번 고민해 보고, 여러 차례 테스트해야 합니다.

> 언어에 관한 가장 기본적인 사실 중 하나는 하나의 말이라도 두 사람에게 정확하게 같은 의미로 사용되지 않는다는 점이다.
>
> – Rudolf Franz Flesch(가독성 전문가 및 글쓰기 컨설턴트)

세상에는 오늘 처음으로 인터넷을 사용해 본 사람도 있습니다. 인터넷은 사용해 봤지만 이커머스는 처음 이용해 보는 사람도 있습니다. 여러분은 이들 모두가 원활하게 사용할 수 있는 적절한 웹사이트를 설계하고 있습니까?

모든 온라인 세일즈는 사용하기 쉽고 이해하기 쉽게 만들어야 합니다. 용어나 어투의 사용도 그 일부입니다. 광고 분야의 유명한 카피라이터인 Robert Collier는 다음과 같은 말을 남겼습니다.

> 우리는 항상 '고객 관점에서 생각하라'고 말하지만, 실제로 얼마나 고객 관점의 언어를 사용하지 않는지 쉽게 알 수 있다.
>
> – Robert Collier

매력적인 상품이나 서비스를 판매하는 기업은 상당히 많습니다. 하지만, 관심을 갖고 웹사이트를 들여다보면 업계 용어로 가득 차 있어, 방문자인 나 혼자 소외된 듯한 느낌을 받은 적은 없었나요?

■ 고객의 지식 수준에 맞춰 용어를 사용하는 것이 중요

여러분이 해당 업계에 관해 자세히 알고 있을수록 전문 용어를 사용하는 일이 잦아질 것입니다. 또한, 여러분이 해당 분야에서 최고이며, 경쟁사보다 우수하다는 점을 부각시키고 싶어할수록 웹사이트를 전문 용어로 가득 채울지도 모릅니다.

그러면 어떤 일이 벌어질까요?

여러분의 웹사이트에 방문한 고객의 입장에서는 그저 지식을 자랑하는 것처럼 비칠 뿐 어떤 내용이 담겨 있는지 제대로 이해하지도 못할 뿐더러 이해하려고 시도조차 하지 않을 수 있습니다. 그렇게 고객은 점점 멀어져 갈 뿐입니다.

그렇다면 전문 용어 사용은 어느 정도까지 허용될까요? 기준은 고객의 지식 수준에 달려 있습니다.

예를 들어 전문적인 주제만 다루는 커뮤니티나 웹사이트라면 자유롭게 전문 용어를 사용해도 문제없을 것입니다. 오히려 전문 용어를 사용하는 편이 정확하게 설명할 수 있고, 고객들도 반길 것입니다.

Amazon의 개발자/IT 팀용 서비스의 마이크로카피

곳곳에 전문 용어가 넘쳐난다

한편, 인터넷 사용이 익숙하지 않거나, 어린이 혹은 시니어를 대상으로 한다면 전문 용어가 사이트를 이용하는 데 장벽이 되기도 합니다. 그 점에서 네이버의 어린이용 서비스인 쥬니버(https://jr.naver.com/)는 다음과 같이 대상에 맞춰 누구나 쉽게 이해할 수 있는 용어와 인터페이스로 설계되어 있습니다.

쥬니버의 캐릭터 선택 화면

어린이도 쉽게 사용할 수 있도록 설계되어 있다

어떤 용어를 사용할 것인지는 여러분의 사이트를 방문하는 고객층이 넓은가, 그렇지 않은가에 따라 달라집니다. 지식 수준이 다르고, 다양한 세대가 사용하는 사이트일수록 쉬운 용어를 사용해서 직관적으로 이해할 수 있도록 해야 합니다. 한편, 전문가용 커뮤니티, 개발자 등이 사용하는 사이트라면 어느 정도의 전문 용어는 허용될 것입니다.

웹사이트에 사용된 용어가 여러분의 고객들이 흔히 사용하는 용어가 맞나요? 사용된 용어를 제대로 이해할 수 있을까요? 고객의 지식 수준이나 자주 사용하는 용어를 알기 위해서는 고객 문의로 접수된 질문을 확인하거나 설문을 활용할 수 있습니다.

또한, 서비스명이나 기능명을 사용할 때도 주의가 필요합니다. 고객과 커뮤니케이션 중에 서비스명이나 기능명으로 인해 오류가 발생하지 않도록 충분한 사전 조사를 해야 합니다.

'사용자가 생각하지 않도록 하는 것'이야 말로 뛰어난 마이크로카피의 조건입니다.

사용성 전문가인 Steve Krug는 '아무 생각 없이 3번 클릭하는 것과 생각하면서 1번 클릭하는 것은 같은 의미를 갖는다'고 이야기합니다. 즉, 인지 부하가 높은 버튼의 문구는 사용자의 조작을 늦추게 되는 것입니다.

■ 자신의 머릿속의 용어로 만들려고 하지 않는다

대체로 웹디자이너는 과거의 경험으로, 엔지니어는 프로그래밍 세계의 언어로, 경영자는 익숙한 업계 용어로 카피를 작성하려고 합니다.

한 이커머스에서는 제품을 할인 받고 싶을 때 Twitter에서 요청할 수 있는 Navi-Value라는 서비스를 시작했습니다.

개선 전 서비스 요청 버튼

twitter🐦로
Navi-Value 요청

Navi-Value란?
여러분의 트윗으로 할인 받을 수 있는 기회!
@ecnavi로 할인받고 싶은 상품을 알려 주세요!

이 'Navi-Value'라는 서비스는 별도의 설명이 없으면 어떤 서비스인지 전혀 모르겠죠? 결국 이 업체에서는 2개의 패턴을 준비해서 A/B 테스트를 진행했습니다. 새롭게 준비한 패턴은 '판매 요청'과 '할인 요청'이었습니다.

2개의 패턴으로 A/B 테스트 진행

A 패턴(판매 요청)

판매 요청이란?
여러분의 트윗으로 할인받을 수 있는 기회!
@ecnavi로 할인받고 싶은 상품을 알려 주세요!

B 패턴(할인 요청)

할인 요청이란?
여러분의 트윗으로 할인받을 수 있는 기회!
@ecnavi로 할인받고 싶은 상품을 알려 주세요!

오리지널에 비해 클릭률 93.9% 향상

테스트 결과 개선 전에 비해 B 패턴인 '할인 요청'의 클릭률이 93.9%나 향상되었습니다. 좀 더 직관적인 서비스명을 사용함으로써 고객의 관심을 한층 더 많이 이끌어 낼 수 있었던 것입니다.

이처럼 회의실에서 생각만으로 만든 용어라면 사용에 주의가 필요합니다. 되돌릴 수 없기 전에, 가능한 프로젝트의 초기 단계에서 테스트를 수행하기 바랍니다.

사용자 테스트에서
단서를 찾는다

■ 사내의 구성원조차 사용하기 어려운 사이트도 있다

웹사이트를 사용할 때 고객이 곤란할 만한 부분을 특정하고 싶다면 사용자 테스트를 수행해 보기 바랍니다. 누군가에게 부탁해 컴퓨터나 모바일 환경에서 자사의 사이트를 사용해 보는 것입니다.

사용자 테스트는 특정한 상품 검색하기, 개인 정보 입력하기, 상품 구입하기와 같은 일련의 역할을 부여해서 실행합니다.

필자가 컨설팅을 진행했던 한 이커머스에서는 내부 직원을 대상으로 사용자 테스트를 실시한 결과 5명 중 4명이 제대로 주문을 할 수 없었습니다. 그저 웃을 수밖에 없는 상황이었습니다. 테스트 진행 중에 녹화한 영상을 임원 회의에서 공개하자 시스템 담당은 물론 대표도 나지막한 신음을 낼 뿐이었습니다.

"Sign Up? Log In과 어떻게 다르지?"

"흐음, 구입하는 데 왜 회원 가입이 필요하지?"

"앗, 잘못됐다!"

이와 같이 테스트를 진행하면서 테스터가 내뱉는 말이나, 폼을 작성할 때 실수를 한 순간 등 사용자 테스트에서는 그 모든 것을 꼼꼼하게 체크합니다.

테스터의 손이 멈췄을 때는 "지금, 무슨 생각을 하고 있나요?"라고 물어서, 찰나의 생각이나 감정을 말하게 합니다. 이것은 '사고 발화'라고 하는 것으로 생각하고 있는 것을 그대로 입 밖으로 나오게 하는 사용성 테스트의 기법입니다.

사용자 테스트를 진행하면 사이트 설계자가 예상치 못한 '불친절한 설계'가 나오게 됩니다. 이것은 컨버전 수 등 숫자로는 나타나지 않는 중요한 자료입니다.

사용자의 목소리에 귀를 기울이는 것은 디자이너, 카피라이터, 프로젝트 매니저 등 사이트 제작에 관여하는 모든 사람이 개선점을 발견할 수 있는 멋진 기회가 될 것입니다. 새롭게 마이크로카피를 추가해야 할 부분이나 디자인의 문제(표시 위치, 크기, 타이밍 등)가 명확해지기도 합니다.

■ 마이크로카피의 정확도를 높일 수 있는 Google 트렌드

사용자 테스트를 수행한다면 무료 웹 도구인 Google 트렌드(https://trends.google.co.kr/trends/)를 사용해 보기 바랍니다.

예를 들어 여러분이 웹사이트 버튼에 '체험판'과 '시험판' 중 어떤 문구를 사용할지 고민 중이라면 Google 트렌드에서 두 키워드의 검색 수를 비교해 볼 수 있습니다.

Google 트렌드의 결과는 실제 전 세계 사용자들이 Google로 검색한 수에 기반합니다. 즉, '많은 사용자의 머릿속에 있는 말'을 특정할 수 있기 때문에 마이크로카피를 설계할 때도 큰 도움이 됩니다.

사용 방법은 간단합니다. Google 트렌드의 '탐색' 탭에서 조사하고 싶은 검색어를 입력하고, 필요에 따라 국가, 기간, 카테고리를 설정합니다. 여러분의 비즈니스에 맞는 방법으로 데이터를 추출할 수 있습니다.

한국에서 지난 5년 동안의 '시험판'과 '체험판'의 검색 수를 확인해 보면 '체험판'으로 조금 더 많은 사용자가 검색하고 있는 것을 파악할 수 있습니다.

Google 트렌드 결과

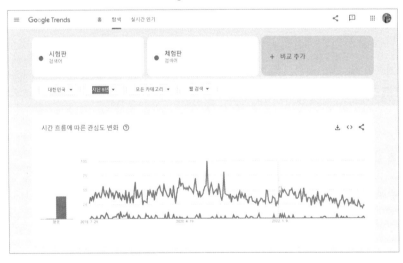

물론 이 결과만으로 사용할 문구를 결정하라는 것은 아니므로 반드시 추가 검증도 함께 진행해야 합니다. Google 트렌드는 프로젝트 초기 단계에서 조사를 위해 매우 편리한 도구입니다.

■ 고객이 알고 싶어하는 것을 마이크로카피로 만든다

데이터 백업 서비스를 제공하는 Veeam은 단 한 줄의 링크 텍스트를 바꾸는 것만으로 큰 성과를 올렸습니다. 이전부터 Veeam 웹사이트에서는 서비스 가격에 관한 문의가 많았습니다. 가격을 사이트에 게시하면 좋지만 파트너 계약 규정상 불가능했던 것입니다.

하지만 문의한 고객에게는 별도로 가격을 알려 줄 수 있었습니다. 그래서 Veeam에서는 메인 페이지에 게재되어 있던 링크 텍스트를 '견적 의뢰'에서 '가격 문의'로 바꿨고, 링크 클릭률이 161.66%나 향상되었습니다. 그 결과 Veeam의 매출도 함께 향상되었습니다.

고객이 알고 싶어하는 것, 다시 말해, '가격'을 눈에 띄는 위치에 있는 마이크로카피에 사용함으로써 문의가 증가한 것입니다.

Veeam 웹사이트의 카피 변화

A 패턴(견적 의뢰)

다음 단계
≫ 다운로드
≫ 지금 구입 & 절약
≫ 견적 의뢰

B 패턴(가격 문의)

다음 단계
≫ 다운로드
≫ 지금 구입 & 절약
≫ 가격 문의

이쪽의 반응이 좋았다

콘텍스트를 파악한다

■ 마이크로 모먼츠도 놓치지 않는다

'Content is King'

1996년 3월 1일 당시 Microsoft의 웹사이트에 Bill Gates가 공개한 에세이의 제목이 'Content is King'이었습니다.

30년 가까이 지난 지금, Bill Gates의 이야기 그대로 콘텐츠가 왕이 된 것은 틀림없습니다. 콘텐츠의 가치는 그 어느 때보다 높아졌고, 사용자는 하루 중 대부분의 시간을 콘텐츠를 즐기는 데 사용하고 있습니다.

2010년대에 들어 누구나 스마트폰을 손에 들고 다니게 되는 큰 변화가 있었습니다. 사람들이 '무언가를 하고 싶다'고 생각한 순간에 스마트폰이나 태블릿과 같은 모바일 기기를 사용해 그 자리에서 검색을 할 수 있게 된 것입니다.

Google은 이런 순간을 마이크로 모먼츠Micro Moments라고 부릅니다. 식사를 주문하고 싶을 때, 가까운 여행지를 찾고 싶을 때 우리들은 스마트폰을 꺼내 곧바로 찾아보거나 구매 행동을 하는 것입니다.

■ Context is King

여기에서 열쇠가 되는 것이 'Context is King'이라는 사고방식입니다. 컨텍스트란 '문맥, 배경 정보'라는 의미를 가진 말입니다.

아무리 훌륭한 콘텐츠를 제공하더라도 잠재 고객의 콘텍스트를 잡아내지 못하면 콘텐츠는 도움이 되지 않습니다.

일본의 한 마케팅 연구소의 조사에 따르면 부동산 검색 애플리케이션인 LIFULL HOME'S에서는 문의 사항 버튼의 문구로 A/B 테스트를 수행했고, 문의율(CVR)이 1.27배까지 향상되었다고 합니다. 범용적인 '메일 문의'라는 버튼 문구를 고객이 처한 상황에 착안하여 '공실 상황 문의'로 변경한 것입니다.

LIFULL HOME'S의 문의 버튼

A 패턴(개선 전)

✉
메일 문의(무료)

B 패턴(개선 후)

✉
공실 상황 문의(무료)

문의율 1.27배 증가

출처: https://appmarketinglabo.net/lifull-homes/

버튼의 문구뿐만 아니라 페이지 전체의 동선을 생각하는 것도 중요합니다. 마케팅 회사인 Silverpop에서는 150개의 랜딩 페이지를 조사한 후 다음과 같이 정리했습니다.

- 150개의 랜딩 페이지 중 45%가 캠페인 메일에 쓰여 있는 강력한 세일즈 카피를 링크된 랜딩 페이지에서 사용하지 않았다.
- 조사한 랜딩 페이지 중 35%가 캠페인 메일과 일치하지 않는 형태와 톤의 디자인 페이지로 이동했다.
- 가장 성공한 랜딩 페이지의 내용은 이메일의 CTA 버튼의 카피와 일치했다.

이 조사에서 알 수 있는 것은 콘텍스트를 잡아낸 페이지 설계가 목표 달성률 개선에 반드시 필요하다는 것입니다.

- 사용자는 어떤 페이지에서 유입되었는가?
- 어떤 목적이나 동기가 있어서 이 페이지를 방문했는가?

이에 관해 잘 알아야 합니다.

예를 들어 일본의 웹사이트 개선 플랫폼인 KARTE에서는 Google의 검색 광고에 표시한 키워드 'AB 테스트', '개인화' 등의 문구를, 광고를 클릭했을 때 연결되는 랜딩 페이지의 첫 화면에서도 그대로 사용하고 있습니다. 사용자가 클릭한 문구를 랜딩 페이지에서도 그대로 활용함으로써 사용자의 흥미와 관심은 지속되고, 페이지 사이 이음새를 매끄럽게 설계한 것입니다.

KARTE의 광고 랜딩 페이지

전체가 하나 되는
부드러운 흐름을 설계한다

■ **마이크로카피는 고객이 경험하는 흐름에 맞춘다**

고객이 상품을 구입하기까지는 몇 가지 단계를 거칩니다. 예를 들면 다음과
같습니다.

전체 흐름

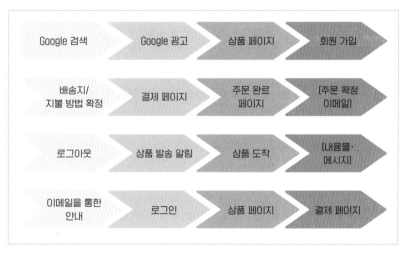

마이크로카피를 설계할 때는 고객이 경험하는 흐름을 명확하게 파악해야 합니다. 먼저 고객이 여러분의 사이트에 방문한 시점부터 일련의 프로세스를 생각해 봅시다.

- 고객은 무엇을 하려고 하는가?
- 고객은 어떤 경로로 유입되었는가?
- 고객은 그다음에 어디로 이동하는가?
- 다른 행동의 선택지가 있는가?

이런 관점으로 고객들이 실제 여러분의 사이트에서 상품을 구입할 때의 과정을 플로우 차트로 표현해 보세요.

여기서 중요한 것은 고객의 행동 과정뿐만 아니라, 각 단계에서 '어떤 감정을 느끼고 있는가?', '어떤 불안·걱정·의문을 느끼는가?'와 같은 감정의 변화도 명확하게 파악해야 합니다. 그래야만 우리가 고객에게 제공할 수 있는 지원도 명확해집니다. 구체적인 구매 요청은 물론 동기를 높이거나 불안을 제거할 수도 있습니다.

- 사이트에서 사용 중인 마이크로카피는 일관성을 유지하고 있습니까?
- 맞춤법 등의 표기 오류는 없습니까?
- 행동이나 사고를 방해하는 요인은 없습니까?

'이 버튼에 무엇을 적을 것인가?' 같은 사고는 시야를 좁힙니다. 나무가 아닌 숲을 봐야 합니다. 예를 들어 고객 지원 서비스를 제공하는 Zendesk에서는 '트라이얼 시작' 버튼을 누르면 다음 페이지에 '자, 시작해 보겠습니다'라는 메시지가 표시됩니다. 매우 자연스러운 흐름이라고 할 수 있습니다.

Zendesk의 트라이얼 시작 버튼과 다음 페이지

장바구니의 에러 메시지나 공유 버튼을 눌렀을 때 표시되는 메시지 등 작은 부분에도 주의를 기울입시다. 의미가 명확하지 않은 에러 코드나 템플릿으로 만든 용어들이 흩어져 있다면 웹사이트 전체의 조화가 깨집니다.

반대로 사이트 전체의 마이크로카피가 제대로 설계되어 있다면 고객은 세세한 부분까지 서비스가 잘 되고 있다고 느끼고, 여러분의 브랜드에 신뢰를 갖게 됩니다. 명작 혹은 장인 정신은 이런 디테일함에서 나오는 것입니다.

머티리얼 디자인을
참고한다

■ 머티리얼 디자인과 마이크로카피

머티리얼 디자인Material Design은 Google이 제창한 UX 디자인 이론입니다. 이 것은 우리가 살고 있는 현실 세계의 물리 법칙과 동일한 규칙에 따라 디자인 요소를 설계하고, 직관적으로 조작할 수 있도록 하기 위한 것입니다.

Google이 제창한 머티리얼 디자인의 가이드라인에는 색상, 디자인, 모션과 같은 기본 요소는 물론, 글쓰기에 관한 팁도 포함되어 있습니다.

현재는 영어 버전만 공개되어 있지만, 한국어 마이크로카피 라이팅에도 도움 이 되는 힌트가 가득합니다. Google 등의 번역 기능을 이용하면 어떤 내용 을 담고 있는지 충분히 이해할 수 있으므로, 꼭 한번 확인해 보기 바랍니다.

Google의 머티리얼 디자인 가이드라인

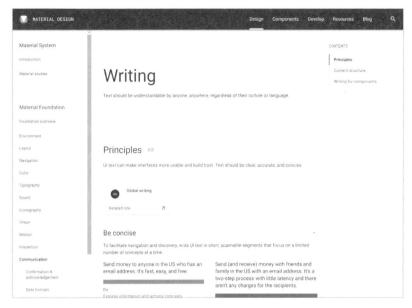

출처: https://material.io/design/communication/writing.html

단지 몇 글자인, 마이크로카피가
여러분의 매출을 빠르게 향상시킬 수 있습니다

마이크로카피 관련 세미나를 마친 후 도쿄에서 카피라이터로 일하고 있는 참석자로부터 이런 말을 들었습니다.

"그동안 장문의 카피만 작성하거나 수정해 왔습니다. 지금까지의 저의 고생은 과연 무엇이었을까요…. 마이크로카피라면 적은 노력으로도 매출을 올릴 수 있을 것 같습니다."

사실 필자도 마찬가지였습니다. 카피라이팅이나 마케팅, 조금 더 넓혀서 모든 일에 노력하면 노력한 만큼 대가가 따를 것이라고 믿었고, 그렇기에 인생에서 소중한 시간을 할애하여 수백 권이나 되는 비즈니스 관련 책을 읽고, 아이디어를 시도했었습니다. 때로는 떠도는 정보에 휘둘렸던 아픈 기억이 있습니다. 물론 많은 책들이 실제로 성공한 회사의 사례를 바탕으로 집필되었을 것입니다. 하지만 그 내용을 보면 대부분 다음과 같은 것들 뿐이었습니다.

- 어느 정도 기업의 규모나 비용이 필요한 것
- 효과가 날 때까지 시간이 걸리는 것
- 초기 비용이 드는 것
- 전문적인 지식이 필요한 것

지금 당장 우리가 실천할 수 없거나 어려운 것들입니다. 하지만 마이크로카피는 다릅니다. 실천하는 데 돈이나 많은 시간이 필요하지 않습니다. 이 책을 시작하면서도 이야기했듯이 실제로 필자가 테스트하고 효과를 검증한 방법입니다.

지금까지 3,278개 이상의 기업을 컨설팅했고 416.8억 엔 이상의 매출을 향상시켰습니다. 자사에서도 외국을 포함해 1,663개가 넘는 사례 검증을 수행했습니다.

여러분은 더 이상 새로운 마케팅 방법이 나올 때마다 시간을 할애하거나 성과가 날 때까지 몇 년이나 기다릴 필요가 없습니다. 마이크로카피는 웹 카피라이팅의 새로운 상식이 될 것이며, 비즈니스에 혁신을 일으킬 수 있습니다.

이 책을 다 읽었다면 여러분에게는 3가지의 선택지가 있습니다.

첫 번째는 마이크로카피를 활용하지 않고 지금까지의 방법을 유지하는 것, 두 번째는 마이크로카피 활용을 내일, 다음 주, 1개월 후로 미루는 것, 그리고 마지막은 지금 바로 행동으로 옮기는 것입니다.

언젠가는 실행으로 옮기겠다고 생각한 여러분이라면 어느 정도 마이크로카피의 비용 대비 효과를 인지했다는 의미일 것입니다. 그렇다면 늦어진 만큼 얼마나 큰 손실이 발생할지 알고 있을 것입니다. 웹 테스트의 세계에 '실패'란 없습니다. 이 책에서 소개하는 방법들을 실천한다면 여러분은 반드시 목표에

도달할 수 있을 것입니다. 그것도 놀랄 만큼 시간과 돈을 절약하면서 말이죠. 자, 일단 우선 도전해 봅시다.

두려워 말고 한 걸음을 내딛고, 오늘부터 마이크로카피를 실천해 봅시다. 고작 몇 글자의 짧은 텍스트가 여러분의 비즈니스를 통째로 바꿀지도 모릅니다.

야마모토 다쿠마

■ 참고 문헌

- Microcopy: The Complete Guide - Kinneret Yifrah, Nemala
- The Craft of Words: Parts 1 and 2 (Bundle) - The standardistas
- Getting Real チャプター9「Copywriting is Interface Design」- 37signals
- Microinteractions: Designing with Details, Chapter 3 - Dan Saffer, O'Reilly Media, Inc
- Microcopy: Discover How Tiny Bits of Text Make Tasty Apps and Websites (English Edition) - Niaw de Leon
- influence: The Psychology of Persuasion (Collins Business Essentials) - Robert B., PhD Cialdini, HarperBusiness
- Buttons & Click - Boosting Calls to Action - Joanna Wiebe, copyhackers.com
- 8 Seconds to Capture Attention: Silverpop's Landing Page Report - Silverpop
- 『ザコピーライティング―心の琴線にふれる言葉の法則』ジョンケープルズ (著)、神田昌典 (監修)、齋藤慎子 (翻訳)、依田卓巳 (翻訳)、ダイヤモンド社
- 『セールスライティングハンドブック 「売れる」コピーの書き方から仕事のとり方まで』ロバートWブライ (著)、鬼塚俊宏 (監修)、南沢篤花 (翻訳)、翔泳社
- 『伝説のコピーライティング実践バイブル―史上最も売れる言葉を生み出した男の成功事例269』ロバートコリアー (著)、神田昌典 (監修)、齋藤慎子 (翻訳)、ダイヤモンド社
- 『超明快Webユーザビリティ―ユーザーに「考えさせない」デザインの法則』スティーブクルーグ (著)、福田篤人 (翻訳)、ビーエヌエヌ新社
- 『部長、その勘はズレてます! 「A/Bテスト」最強のウェブマーケティングツールで会社の意思決定が変わる』ダンシロカー (翻訳)、ピートクーメン (翻訳)、栗木さつき (翻訳)、新潮社
- 『サービスが伝説になる時』ベッツィサンダース (著)、和田正春 (翻訳)、ダイヤモンド社
- 『伝わるWebライティング―スタイルと目的をもって共感をあつめる文章を書く方法』Nicole Fenton (著)、Kate Kiefer Lee (著)、遠藤康子 (翻訳)、ビーエヌエヌ新社
- 『コンテンツマーケティング64の法則』アンハンドリー、ダイレクト出版株式会社
- 『ヤフートピックスの作り方』奥村倫弘 (著)、光文社
- 『ヤコブニールセンのAlertbox―そのデザイン、間違ってます』Jakob Nielsen (著)、舩井淳 (翻訳)、奥泉直子 (翻訳)、川崎幹人 (翻訳)、RBB PRESS
- 『グロースハック 予算ゼロでビジネスを急成長させるエンジン』梅木雄平 (著)、ソーテック社

■ 참고 웹사이트

* Nemala Microcopy Studio (http://www.writingmicrocopy.com/)
* COPYHACKERS (https://copyhackers.com/)
* Basecamp (https://basecamp.com/)
* mailchimp (https://mailchimp.com/)
* HubSpot (https://www.hubspot.com/)
* Dropbox Design (https://medium.com/dropbox-design)
* tiny words matter (https://tinywordsmatter.tumblr.com/)
* GoodMicrocopy (http://goodmicrocopy.com/)
* empty states (http://emptystat.es/)
* LittleBigDetails (http://littlebigdetails.com/)
* Bokard (http://bokardo.com/) ブログ記事：Writing Microcopy
* Web担当者Forum (http://web-tan.forum.impressrd.jp/)
* baymard.com (https://baymard.com/)
* BRANDED3 (https://www.branded3.com/)
* WhichTestWon (https://www.behave.org/)
* unbounce (https://unbounce.com/)
* ContentVerve.com (http://michaelaagaard.com/)
* marketingexperiments (https://marketingexperiments.com/)
* U-Site (https://u-site.jp/)
* Material Design (https://material.io/)
* Voice&Tone (http://voiceandtone.com/)
* MailChimp Content Style Guide (http://styleguide.mailchimp.com/voice-and-tone/)
* UIE: The $300 Million Button (https://articles.uie.com/)
* UIE: Microcopy that Strengthens Your Design's Experience - Des Traynor (https://aycl.uie.com/virtual_seminars/vs93_microcopy)
* UIE: Writing the Interface - Elizabeth McGuane (https://aycl.uie.com/virtual_seminars/writing_the_interface)
* Conversational Copywriting - The future of selling online - Nick Usborne (https://www.udemy.com/conversational-copywriting/)

- Visual Website Optimizer (https://vwo.com/)
- Behave.org (https://www.behave.org)
- jstor.org (http://www.jstor.org/)
- Michael Aagaard website (michaelaagaard.com)
- TED (https://www.ted.com/) レニーグレッソン：404、見つからないページにまつわるお話／
ジョンマクウォーター：テキストメッセージが言語を殺す（なんてね！）
／ジョーゲビア：Airbnbの成功の裏にある信頼のためのデザイン
- ニールセン博士のAlertbox／ユーザーはいかにテキストを読まないか
(https://u-site.jp/alertbox/20080506_percent-text-read/)